图书在版编目（CIP）数据

乡村建设大意　答乡村建设批判/梁漱溟著. —北京：中华书局，2018.10
（梁漱溟全集：新编增订本）
ISBN 978-7-101-13355-4

Ⅰ.乡…　Ⅱ.梁…　Ⅲ.①城乡建设-研究-中国②农村社会学-研究-中国　Ⅳ.①D693.62②C912.82

中国版本图书馆 CIP 数据核字（2018）第 157374 号

书　　　名	乡村建设大意　答乡村建设批判
著　　　者	梁漱溟
丛 书 名	梁漱溟全集（新编增订本）
责任编辑	孟庆媛
出版发行	中华书局
	（北京市丰台区太平桥西里 38 号　100073）
	http://www.zhbc.com.cn
	E-mail：zhbc@ zhbc.com.cn
印　　　刷	北京市白帆印务有限公司
版　　　次	2018 年 10 月北京第 1 版
	2018 年 10 月北京第 1 次印刷
规　　　格	开本/920×1250 毫米　1/32
	印张 7　插页 3　字数 151 千字
印　　　数	1-3000 册
国际书号	ISBN 978-7-101-13355-4
定　　　价	60.00 元

1930年代末于山东

1936年与培宽、培恕于济南

梁漱溟全集（新编增订本）

出 版 说 明

梁漱溟先生（1893.10.18—1988.6.23）原名焕鼎，字寿铭，以笔名漱溟行世，祖籍广西桂林，生于北京。我国著名的爱国民主人士，思想家、教育家、社会活动家，"现代新儒家"早期代表人物之一。

梁漱溟先生自称"问题中人"，其毕生所重，一是人生问题，二是中国社会问题。对于人生问题的追求，使他出入于西洋哲学、印度宗教、中国宋明诸学派间，而被视为思想家。对于中国社会问题的考索，又促使他参加中国革命，并投身社会活动。二十世纪三十年代，他曾与志同道合的朋友们共同发起乡村建设运动，开一时风气之先；二十世纪四十年代，又参加发起"中国民主同盟"，执笔撰写《中国民主政团同盟成立宣言》和《中国民主政团同盟对时局主张纲领》。在思想学术、乡治教育和政治实践等各领域，梁漱溟先生都留下了丰富的著述。

我们此次新编增订《梁漱溟全集》，在原山东人民出版社版的基础上，广为征集，网罗佚文，并将梁先生的著述，按专著、文集、札记、书信、日记、传记等不同体裁，复以时间或主题为序，划分卷帙。各卷之首皆撰有"本卷编校说明"，详细介绍该卷所收内容之版本考订与编校流程，以供读者参考。

《梁漱溟全集》（新编增订本）的编辑出版，得到了梁漱溟先生之子梁培宽、梁培恕两位先生的全权委托与鼎力支持,我们对此表示由衷的感谢。书中错误在所难免,敬请读者批评指正。

中华书局编辑部

2018 年 8 月

本卷编校说明

本卷收入梁漱溟先生所著《乡村建设大意》和《答乡村建设批判》。

《乡村建设大意》是李志纯、郝心静、侯子温三人根据梁漱溟先生在山东邹平全县小学教师讲习会第二届和第三届两次会上所讲之内容,记录并整理而成,曾经梁氏本人批改。该书1936年1月由邹平乡村书店出版,1939年曾由重庆乡村书店重印。本次编校,以山东人民出版社出版的《梁漱溟全集》(2005年)为工作本,以1936年邹平版为对校本。

1935年4月新知书店出版的由千家驹、李紫翔主编的《中国乡村建设批判》论文集,对1930年代在全国各地兴起的乡村建设运动(包括梁漱溟在山东所从事的乡村工作),从理论到实践予以批判。《答乡村建设批判》一书,系梁漱溟针对这些批判意见所作的答复。该书写成于1940年8月,1941年2月由重庆中国文化服务社印行。本次编校,以山东人民出版社出版的《梁漱溟全集》(2005年)为工作本,以1941年版为对校本。

总　目

乡村建设大意

目　录

编者序言

本书系就吾师梁漱溟先生为邹平全县小学教师讲习会第二、三届两次的会上所讲，整理而成。第一次由李志纯同学笔记；第二次由郝心静同学笔记；余即根据二者，复参考吾师以前所讲"乡村建设理论"，加以整理编次；并代拟各段各节小题目。

邹平全县小学教师为数约三四百，都是乡下人；而会期又不长；故师为讲演时，开头即说："我以前在院里讲'乡村建设理论'时，要用好几个月的工夫才能讲完；而这次我们只有几天的功夫，所以不能再用那种讲法，现在只能说说乡村建设大意。又这次的讲演，原是为我们邹平小学教师讲的，所以末后多说关于邹平的事情。因此这次的讲话有两点应请大家注意：一只讲乡村建设大意；二末后多说关于邹平的事情。"所讲取乎通俗，容易了解，又多为邹平人而发，并非乡村建设理论的简本，此愿读者诸君先要鉴知的。第虽云只讲乡村建设大意，末后多说关于邹平的事情；而于一般为乡村建设之研究或他处乡村工作者，要亦不无可供参考之处。尤其是留心邹平村学乡学的人宜参阅此书。是以付诸铅印，以应大家需要。

　　再本书原为一讲演笔记，虽曾经吾师批改，而文责仍应由编录者负之；此亦愿读者诸君鉴知，并希指教为幸！

侯子温
二十五年一月一日识于济南

第一段　乡村建设是什么?

一、乡村建设的由来

今日中国朝野上下都已注意到乡村建设

"乡村建设"四个大字,以前从来没有见人用过,也没有听人说过;这是从民国二十年本院(山东乡村建设研究院)成立时才标出来的。以前虽也有人曾经做过类似这样的事,但没有明白标出"乡村建设"这一名词。自从本院标出之后,国内乡村建设的风气亦日渐开展,"乡村建设"一词,才不断地为大家所引用。尤其是近二三年来,乡村建设的风气,更是蓬蓬勃勃,全国都在讲求乡村建设了。大家也许听到过,民国二十二年七月,曾在本院开了一个"乡村工作讨论会",到会的人数很多,全国各乡运机关团体,差不多都派代表来了,个人来参加的也很不算少。还有中央政府,现在成立了一个农村复兴委员会,他这个会名字面虽与"乡村建设"一词不同,而意思都差不多,他也是在提倡乡村建设事业的。其他如燕京大学的社会学系、金陵大学的农学院、江苏教育学院、中华职业教育社、华北工业改进社等等，都已注意并且努力在作乡村工作。至于本院以及南方的乡村改进区、北方的平教会等等，更不用说都是在作乡村建设工作了。再如今之教育家开口即谈乡村教育，经济家便说农村经济，政治家亦呕呕倡办地方自治，农业家固然办农业改良，即工业家亦要办乡村工业（如华北工业改进社即专门研究如何发展乡村工业的一个机关），甚而至于一向专在都市营业的银行界，现在也注意到乡村，要在乡村里投资了。——这个事情，他固然不单是为的乡村而且为他自己；可是对于乡村的帮助却也很大。例如我们在邹平所办美棉运销合作社的贷款，就是与中国银行来往的。由本院居间向中国银行接洽，放大宗低利款与各棉农；这于农村金融的调剂有很大的好处。他如上海银行在陕西，中国银行在河北，金城银行在河南，都作了不少放款。乡下人苦于无处借钱，得此颇能活动。

还有，不但作乡村建设的人是一天天加多，即乡村建设的范围，也越讲越宽了。先是只注意到农业改良、教育普及等片面工作；而现在也渐渐地知道注意讲求整个乡村社会的改进了。这实在是乡村工作的一个大进步。这样下去，乡村建设的风气，越来越开展，越来越扩大，势将形成一个最有力的潮流。

乡村建设的由来

乡村建设已为一般人所注意并且已经在努力实际工作，这种情形，大家如果留心看报便可以知道。现在国内出版的各种报章杂志，常刊有《农村经济专号》《乡村教育专号》《各地农村调查》《各地乡运报告》等等，由此便可以看出乡村建设差不多已经成了中国现在最有力的一个潮流。可是这个潮流究竟由何而来呢？在以前几年为什么没有人谈乡村建设？现在大家又为什么谈得这么起劲呢？我们要知道天下事原没有偶然的，乡村建设亦自有他的由来。例如我们几位同人在邹平办这个研究院，并不是由于我们忽然发此奇想；其他社会上所有的乡村运动的机关团体，更不能同时都发奇想，都各有他们的由来。乡村建设这个口号，所以喊得这么响，宁为偶然的事？那么，乡村建设究竟是由何而来的呢？关于这个意思，要详细地讲明白，须用很多的话，现在我先总括地回答这么一句：

> 因为近几十年来的乡村破坏，中国文化不得不有一大转变，而有今日的乡村建设运动。

大家先记住这句话，以下我们再慢慢地仔细地来解释它的意思。

什么叫乡村破坏？

我们说："因为近几十年来的乡村破坏……而有今日的乡村建设运动。"那么，乡村破坏又怎么讲呢？这有两层：

1.天灾人祸的破坏乡村——所谓乡村破坏，笼统地说就是指乡下日子不好过了，并且这个不好过非自今日始，远自近百年来就一天天地不好过了；尤其到了近二三十年来，不好过的程度，更加深加重加速，乡下人简直无以为生了。大家有的年纪大些的，总还记得：在从前的时候，乡间很少有土匪抢案等情事发生；那时天下是如何的太平！可是到了现在就不比从前了。像邹平这样的地方，在现在的中国实在是很少有的，简直可以说是个世外桃源。其他各省各县，那真闹得不得了,兵灾匪患,有的地方还有共产党,烧杀掳掠,直闹得几十里路没有人烟。更兼连年的水旱天灾,蝗虫为害,农民终岁勤劳,不得温饱。而政府里还要加捐派税,暴敛苛征,农民简直没法子供应! 有时年景好了,而又要丰收成灾,谷贱伤农,虽有粮食,也换不出钱来;甚而至于贱卖也无人要。这样层层压迫,农民如何能不经济破产? 如何能有好日子过呢?

2.风气改变的破坏乡村——由上所述,乡村破坏,乡下日子不好过的原因,就是天灾人祸了! 据我的观察,这还不是最要紧的原因,我看破坏乡村最重要的还在乡间风俗习惯的改变。因为风俗习惯的改变,让乡村破坏更渐渐地到了深处。这句话怎么讲呢? 本来在一个社会里边,顶紧要的就是他的那个社会制度。一个社会制度,就是他那社会里边人人所共循共由的道路。大家循由,则社会秩序安宁;否则社会秩序紊乱。所以说他实在是社会里边最要紧的一个东西。这个社会制度,有的是多由国家法律规定的,有的就是靠他那社会上的风俗习惯。我们中国即属于后者。那么,我们看现在中国的社会制度尚为一般人所共循共由乎? 我们可以说:已经不能如此了! 现在中国的旧社会制度也就是旧风俗习惯,已渐渐地改变崩溃,渐渐地被人否认了。这种社会制度、风俗习惯的崩溃破坏,实在是最重要最深刻的破坏。别的破坏还好办,这种破坏最没有办法。你想一个社会上大家都没有了准路可走,那还了得吗! 怎么会不乱呢? 可是中国现在就是这种情形;所以说中国的乡村破坏，已经渐渐地到了深处。

乡村破坏，就是这两个讲法；这也可以说是浅深不同的两层意思。

乡村破坏由何而来？

什么叫乡村破坏与最要紧的乡村破坏，我们已经明白了；可是大家如果再追问一句：乡村为什么被破坏？风俗习惯为什么要改变呢？在未讲明这个意思之前，我想先要大家注意的是：近几十年来的乡村破坏与以前历史上的乡村破坏不同。以前每逢改朝换代，天下也要大乱，乡下日子也要不好过；并且历代社会上的风俗习惯也略有改变。换句话说，在以前历史上也曾有过乡村破坏，但与近几十年来的乡村破坏大不相同。以前的天下大乱，不久即可复归于平治；社会上风俗习惯的改变也不多，精神上仍是相演数千年而不变的。等到近几十年的乡村破坏就不同了，他是一直下去不回头的一种乡村破坏，乡村纯落于被破坏地位，破坏的程度日渐加深加重加速，不会停止；并且风俗习惯亦将根本改变了。那么，这种乡村破坏是从哪里来的呢？这是从世界大交通，西洋人往东来，中国人与西洋人见了面，因为抵不住他的压迫，羡慕他的文明，遂改变自己去学他以求应付他；结果学他未成，反把自己的乡村破坏了。换句话说，中国近几十年来的乡村破坏，完全是受外国影响的。自西洋人会造大轮船，可以横渡重洋到世界各处去之后，中国也有了西洋人的足迹，中国的海禁就渐渐地开了。这一开可不要紧，让中国文化就发生了一个大的变动；在这个大的变动中就把中国的乡村破坏了。如果不与西洋相遇，中国文化决不会有此大的变动，他仍要照老样子继续演下去。

可是既与西洋相遇，也就逼着中国人不得不有此大的变动了。

中国文化为什么要变？

所谓逼着中国文化不得不有此大的变动，到底是什么原故呢？这是因为中国文化既与西洋文化不同，而又敌不过他；所以见面之后，就不得不改变自己去跟着他学了。本来中国在历史上是常常能同化外族的，从来没有跟着外族变过，他是常常站在文化上一个独尊的地位，四周围的邻国，文化程度，实在不配与中国比较。例如匈奴，哪能与汉族比衡呢？（既然根本不配比较，所以也就无所谓不同，说："匈奴文化与汉族文化有什么不同"，这话实在没有听到有人说过。）邻国的文化程度既然很低，所以中国不去学他，只有他们跟着中国来学。试看当时的邻国，大大小小，没有一个不是学中国的。如日本就是顶有名的学中国的一个民族，他的文字、衣服、饮食、礼节等，都是从中国学去的；直到现在，在日本的一个大庙里，还存着中国唐朝时代的衣服用具等等哩！其他如高丽人、满洲人，哪不是学中国的？可是这次所遇见的西洋人就很厉害了，他的文化既与中国不同，同时他的程度也很高，可以做中国文化的敌手；不但可以做敌手，简直是敌不过他了。那么，既然敌不过，就用不着讲许多道理，只有跟着他去学。事实上不就是这个样子吗？我们从事实上看，就可以见出来中国人于近几十年来处处是学西洋，步步是学西洋；自光绪变法维新，而至辛亥革命、民国十五年的北伐，都是学外国。例如废科举、兴学堂、练新军、设造船厂、修铁路、念洋书、穿洋服，乃至言语思想、风俗习惯，处处都要跟外国学了。

总之，中国人既与西洋人见面之后，中国文化便发生了变化。

自变法维新一直到现在，其中有好几次的变化，有好些地方变化；尤其是近几年来，更一天一天地在那里加深加重加速度地变，这样也变，那样也变，三年一变，两年一变，孙猴子有七十二变，中国人变的也和他差不多了。本来每一度的变，都是希望着能变成功，以为这样可就好了，就可以抵得住外国人，国内也可以从此太平了！换句话说，这样一变，就能够适应这个新环境了。例如人家已经有了飞机大炮，我们不能再用枪刀弓箭；人家已经有了火车轮船，我们不能再用帆船牛车；世界各国都已进步，世界又已大交通，我们民族所处的环境已变，我们就不得不改变自己去学他们以求应付他们。变法维新用意是如此，辛亥革命两次北伐，用意通统是如此。可是结果怎么样呢？事实俱在，我们无须讳言；所有的变，可以说是通统没有成功，通统没有变好。当第一次变后，没有变好，于是再变一下；再变还是不好，于是再变；再变还不好，还不好再变……一变再变，老不见好，这可就糟了！旧的玩艺几乎通统被变的没有了！中国乡村就在这一变再变七十二变中被破坏了！

为什么一变再变就把乡村破坏了？

现在大家必定要问：为什么这样一变再变就把乡村破坏了呢？这就是因为中西文化不同的原故。我们要知道中国文化原来是以乡村为本的，中国原来就是一个以乡村为本的社会；而西洋各国便与此不同。例如英国，全国人口的百分之七十都住都市，只有百分之三十的人口住在乡村，这哪里还能说是以乡村为本呢？我们中国，百分之八十以上的人口都住乡村，过着乡村生活；中国就是由二三十万乡村构成的中国。不但英国不是以乡村为本,现在世界上著名的强国,可以说通统不是以乡村为本;他们都是一种工业国家,皆以都市为本;他们的文化,就是一种都市文明。即如日本,在以前的时候,也大致与中国相仿佛,本来不是一种工业国家;可是现在已经变成工业国家了。现在他的农民,虽然还是占全国人口的大多数,乡村虽然还是很重要;可是他的国命所寄托,已是寄托在工业而非寄托在农业,寄托在都市而非寄托在乡村了。中国则一直到现在还是以乡村为本,以农业为主;国命所寄托,还是寄托在农业,寄托在乡村;全国人靠什么活着?不就是靠农业靠乡村吗?

中国的国命既然是寄托在农业,寄托在乡村,所以他的苦乐痛痒也就在这个地方了。乡下人的痛苦,就是全中国人的痛苦;乡下人的好处,也就是全中国人的好处。试看在过去的中国历史上,可以说什么事情都是为满足"以乡村为主"的生活的。以这样一个以农业为主的国家,以乡村为本的文化,近几十年来却遇到一个以工业为主、以都市为本的西洋文明,我们又一天一天地在那里跟着他学,这哪能不与自己原有的文化矛盾冲突以致日渐崩溃破坏呢? 当西洋工业发达都市兴起的时候,他们的农业也受到妨碍,乡村也受到压迫;不过他于工业发达都市兴起之后,就又赶快回过头来救济乡村救济农业,所以他的乡村农业还不致落在纯被破坏的地位。现在中国就不能如此了! 中国学西洋的结果,除了明着暗着直接间接地破坏乡村之外,并不见有都市的兴起和工业的发达。——在中国虽然也有都市,如北平、天津、青岛、汉口、上海、广州等地方,也可以算是都市;可是这都不能算是真的都市。因为这种都市里面的人虽然也很多,也很热闹;而那种热闹全是空的，那很多的人，多半是为避乱或者为谋事而来的，并不是以工商为生业的人。都市的重心原来是在工商业，而中国的都市工商业并不发达；都市本来应是一个生产的地方，而中国的都市则成了一个消费的地方。这与西洋的情形恰好相反。在中国像西洋一样的都市，可以说没有。中国虽然学西洋学了二三十年，而至今还没有学成功哩！没有学成功新的还不要紧，而因此却把我们旧的破坏了！把乡村破坏了！

因乡村破坏而有乡村建设

中国学西洋如果真能顺利地摹仿成功为工业国家都市文明，像日本一样，那也没有什么不可；因为所谓"以乡村为本"、"以都市为本"，也只是两条不同的路而已。现在改了另走以都市为本的路，只是换了一条路罢了。只要有路走，就算有办法；只要有办法，那么，都是可以的。无奈中国终未能像日本一样学成都市文明工业国家；不但没有学成都市文明工业国家，而反因学走以都市为本的路，却把乡村破坏了！新路没有学成功，而旧路已被破坏不堪了！这一面单见破坏，那一面不见建设，这是让中国人最痛苦、最没有办法的原故。

当最初破坏的时候，大家尚未感觉到十分痛苦；可是等到破坏日益加深加重，大家才渐渐地感觉到痛了！时至今日，全国的人们，都已感觉到苦痛，真的是受不住了！这是个很浅近的道理，我们原来就是个农业国，直到现在大家仍然是全靠农业吃饭，全靠农民吃饭；那么，农业不行了，则商业亦不行；农民没饭吃，大家亦都没饭吃；乡村破坏到深处，大家将都受不了。大家就不由得不一致起来讲求乡村建设了。

因中国文化不得不有一大转变而有乡村建设

开头我们说过："因为近几十年来的乡村破坏,中国文化不得不有一大转变,而有今日的乡村建设运动。"因为乡村破坏而有救济乡村运动,这尚是乡村建设之由来的浅一层的意思;更深一层言之,乡村建设之由来,实由于中国文化不得不有一大转变,因为要转变出一个新文化来,所以才有乡村建设运动。但是我们又说过:中国乡村的被破坏,完全是由于中国文化的改变。换句话说,如果当初不变,照老规矩过下去,乡下日子一定比现在要好些。照这样说来,我们现在就不要再变了? 这可不成! 如果不变能行,当初就不变了。过去虽然没有变成功,但往下去我们仍然是要变的。况且已经变了多少次,一变再变地都变过了,现在再想不变也不行了。不过以前因为盲目地变而破坏了乡村;所以以后再变,我们就得商量商量,看怎样变法合适再怎样去变。本来不怕变,只要看准方向,料度明白,心里有准儿有把握,能一步一步地向前变出个什么样子来,这样的变我们是不怕的。换句话说,以前每一次的转变,都没有变成功;以后呢? 据我的推测,它就要成功了,就要转变出一个新局面来了。这个新局面的转变,就全靠我们的乡村建设;翻转来说,乡村建设就是由于要转变新局面创造新文化而来的。

二、乡村建设的意义

乡村建设的意义

从以上所说的许多话来看,乡村建设的意义是什么,大概也就可以明白了。总言之：救济乡村便是乡村建设的第一层意义；至于创造新文化，那便是乡村建设的真意义所在。乡村建设除了消极地救济乡村之外，更要紧的还是在积极地创造新文化。所谓乡村建设，就是要从中国旧文化里转变出一个新文化来。

什么叫创造新文化？

那么，所谓创造新文化这句话又怎么讲呢？要讲明这句话，就不得不先说一说什么叫文化。所谓文化，本来有狭义的和广义的两种讲法：狭义的讲是单指社会意识形态说；广义的讲，则一个社会的经济、宗教、政治、法律，乃至言语、衣食、家庭生活等等，通统包括在内。换句话说，所谓文化，就是一个社会过日子的方法。一个社会有一个社会的过日子的方法（西洋人有西洋人的一套生活方法，中国人也有中国人的一套生活方法），他那个过日子的方法，便名之曰他的文化。那么，怎样叫创造新文化呢？从这旧文化崩溃告诉我们非换一个新办法不可，非换一个新办法不能适应这个新环境。但是怎样换法呢？就把西洋的办法全盘移植到中国来吗？就把中国变成一个纯西洋式的近代中国吗？这个也不行。因为中国自有他相演数千年的历史背影，想让他完全学西洋变成一个纯西洋式的近代国家也是不可能的。

以上我们说过：中国文化将要有一个大的转变，将要转变出一个新的文化来。"转变"二字最切当，这便是我们创造新文化的办法；我们就是要从旧文化里转变出一个新文化来。"转变"二字，便说明了将来的新文化：一面表示新的东西；一面又表示是从旧东西里转变出来的。换句话说，他既不是原来的旧东西，也不是纯粹另外一个新东西，他是从旧东西里面转变出来的一个新东西。用譬喻来说：中国好比一棵大树，近几十年来外面有许多力量来摧毁他，因而这棵大树便渐就焦枯了。先是从叶梢上慢慢地焦枯下来，而枝条，而主干，终而至于树根；现在这树根也将要朽烂了！——此刻还是将朽烂而未朽烂，若真的连树根也朽烂了，那就糟了！就完了！就不能发芽生长了！所以现在趁这老根还没有完全朽烂的时候，必须赶快想法子从根上救活他；树根活了，然后再从根上生出新芽来，慢慢地再加以培养扶植，才能再长成一棵大树。等到这棵大树长成了，你若问："这是棵新树吗？"我将答曰："是的！这是棵新树，但他是从原来的老树根上生长出来的，仍和老树为同根，不是另外一棵树。"将来中国新文化的创造，也正和这棵新树的发芽生长的情形是一样，这虽是一种譬喻的话，可是道理却很切当。

什么叫中国文化根本动摇？

以上我们以大树作譬，说中国文化的根本就要崩溃了，就要动摇了；但指实来说，什么叫中国文化根本动摇？什么是中国文化的根呢？前边我们说过：中国文化是以乡村为本，以乡村为重；所以中国文化的根就是乡村。不过这个说法，还未详尽，现在我们可以这样说：什么是中国文化的根呢？

1. 就有形的来说，就是"乡村"——乡村就是我们中国文化有形的根；

2. 就无形的来说，就是"中国人讲的老道理"——那真有道理的老道理就是我们中国文化无形的根。

中国文化有形的根就是乡村，无形的根就是老道理。所以所谓中国文化已崩溃到根，已根本动摇；也就是说中国的乡村已经崩溃,中国的老道理已经动摇了。前边我们也曾说过:中国文化自近百年来即开始在那里变化,在那里破坏。最初的破坏,还没有到乡村——无论是变法维新,或者是辛亥革命……等,都是先从上层中央政府改变起,再渐渐地间接地影响到乡村;先从沿江沿海通都大邑破坏起,才渐渐地延及到内地乡村。所以我们说他是先从叶梢焦枯起,才渐渐地焦枯到身干老根;他是一步逼紧一步,到最近十年来,可就真的逼到乡村来了!乡村真的大受破坏了!

最近的破坏,已经破坏到中国文化有形的根,已经破坏到乡村,这是第一层的意思。再说第二层:最近的破坏,也已经破坏到中国文化的无形的根,已经破坏到中国的老道理了。换句话说,我们中国,偌大一个民族,有这么些人在一块生活,他总有他过日子的方法,总有他的规矩、制度、道理一套东西;这一套东西到最近几十年来就渐渐地受到破坏了!在最初的时候,还只是破坏了粗的地方。如从前有皇帝,以后没有了;从前的种种礼节仪式(作揖跪拜等),现在也改了;这都是些粗的破坏。——有没有皇帝、作揖跪拜等,都比较是粗而见于外的办法制度,初时只破坏到这些。至于那深处细处道理的根本处,还没有被破坏,还没有怎样动摇。可是慢慢地一层一层地就破坏到深处细处了;到最近十年来,道理的根本处,也真的动摇了。现在有的中国人,所信从的道理,与从前的老道理真的大不相同了。例如现在的共产党,他就有他的主张办法,他的主张办法虽然是邪僻的,但他自有他的道理,足以迷惑一般青年,让人信从;其他党派也是这样。所以因此就把中国的老道理破坏了。老道理的根本处也已经动摇了。

但真要根本破坏了吗？不会的。

从真精神里开出一个新局面来

我们相信，中国的老道理是站得住的。从粗处看自然是有许多要改变的地方；但根本深处细处是变不得的。现在虽有邪僻的学说在摧毁他压迫他；而"真金不怕火炼"，正因为有这种种的摧毁压迫，反可以把他的一段真精神真本领锻炼出来，显得他到底是经得住火烧水烫，到底是破坏不了的。等到经过一番锻炼之后，中国的真精神就要透露出来，将为人人所信从了。所以我们可以说：中国的老道理，不但能够站得住，并且要从此见精采，开出新局面，为世界人类所依归。——不过我们要注意，新局面的开出，是从老道理的真精神里开出来的。必待老道理的粗处浅处须要改变处，通统破坏完了，然后才有转机，才能从真精神里发出新芽，转出一个新局面来；不然，不追问到底，不追问到根本处，新局面是转变不出来的。换句话说，最近的破坏，已经破坏到中国文化的根；既已破坏到根，所以新文化的开创，亦非从头另来不可，亦非从老根上再转变出一个新局面来不可。——以乡村为根，以老道理为根，另开创出一个新文化来。无论是政治、经济……什么组织构造，通统以乡村为根，以老道理为根。从此开出新道路，救活老民族。"开出新道路，救活老民族。"这便叫做"乡村建设"。

从创造新文化上来救活旧农村就叫"乡村建设"

总括以上的意思来说，"乡村建设"的意义是什么呢？"乡村建设"包涵两个意思：一、因乡村破坏而有救济乡村之意；二、因中国文化要变而有创造新文化之意。现在我们想把这两句话前后倒转过来说，倒转过来说则更切当；就是"从创造新文化上来救活旧农村"，这便叫做"乡村建设"。开头我们说过：自中西两个不同的文化相遇之后，中国文化相形见绌，老文化应付不了新环境，遂不得不改变自己，学西洋以求应付西洋；但结果学西洋没有成功，反把自己的老文化破坏了，把乡村破坏了。老文化破坏殆尽，而新文化未能建立，在此青黄不接前后无归的过渡时期，遂陷于混乱状态。这是中国最痛苦最没有办法的时候；所以现在最要紧的就是赶快想法子创造一个新文化，好来救活旧农村。"创造新文化，救活旧农村。"这便叫做"乡村建设"。

第二段　乡村建设顶要紧的是什么?

乡村建设顶要紧的是什么?

乡村建设的意义我们已经明白了,是要从创造新文化上来救活旧农村,要用新方法来救济旧农村。但是"在许多新方法中,究竟哪一个要紧呢? 例如改良农业,办合作社,办乡村教育,办乡村自治乡村自卫等等,究竟哪一项是要紧的呢?"你若以这个话来问我,我将回答你说:"哪一项都要紧。"比如问:"改良农业要紧吗?"我说:"要紧"。"组织合作社要紧吗?"我也说:"要紧。"照我看来,东一项,西一项,都是要紧的。不过你若问我:"哪一项顶要紧呢?"我又要回答你说:"那些都不是顶要紧的。改良农业不是顶要紧的;办乡村教育也不是顶要紧的。"那么,顶要紧的究竟是什么呢? 照我说顶要紧的有两点:

1. **农民自觉;**

2. **乡村组织。**

乡村建设所包括的事情固然很多,而顶要紧的则在这两点。

有了这两点，一切事情才好办；如果没有这两点，乡村建设简直没有法子谈。以下我们就来讲明这两点的意思吧。

救济乡村要靠农民自觉

我们常常爱说："救济乡村"，"救济乡村"，但是谁能救得了乡村呢？除了乡下人起来自救之外，谁也救不了乡村；单靠乡村以外的人来救济乡村是不行的。事情单靠人家是靠不住的。即退一步说，就是要靠人家帮忙，也得自己先起劲呀！外国有句话："天助自助者"，这就是说：天帮谁的忙呢？他帮助那自己能帮助自己的人。中国古人也有一句话："自求多福"，自己努力，才能得到幸福。这都是说人要自强的意思。大概一个人自己不要强，别人对他没有办法；一家人不要强，别家人对他没有办法；同样的道理，乡下人不自己起来想办法，不起来自救，乡村以外的人就能救得了他吗？单靠乡村以外的人是救不了乡村的。必须乡下人自己起来想办法，才能把乡村救得好；并且这个好才能保得长久。若单靠旁人拿钱来救乡村，那里来怎么多的钱？单靠外边人才来救乡村，那里来怎么多的人？即退一步说，就让一时靠外边的人力财力，表面上把乡村救好了；而这个好也不能长久呀！几时外边的人力财力不供给，所有的好也就要完了。更何况单靠外力往往不但不能把乡村救好，反而祸害了乡村。——外边人虽然满心想让乡村好，想帮乡村的忙；而以不了解乡村的情形，不知道乡村的需要，所用的方法不合，结果往往祸害了乡村。例如政府所办各种新政，哪一项不是原想造福于人民，而结果竟害了人民呢？为害人民并不是他的本意呀！不拘什么人，没有天生就给人作对，想害人的；对人原来都是有好意的。政府作了许多事情，害了人民；但他并不是原来有恶意，错误点完全在于上下隔阂。因为他（指政府）不是你（指乡村），不能深切地了解你，不清楚你的情形，不知道你的需要；所以虽有心对你作好事，而以所用的方法不对，不适合乡村，结果就作出坏事来了，这完全是单靠外力的毛病。

总之，天下事无论什么都要靠他本身有生机有活气；本身有生机有活气，才能吸收外边的养料。譬如一棵树木，必须他本身有生机，才能吸收养料（水分、肥料、阳光等）。一个小孩子必须是活的，他才能够吃东西。一家里头有生机，一家才能渐往好里去；一村一乡里头有生机，一村一乡〔才〕能渐往好处去。如果乡下人不能自己起来向前去打算，乡村成了个半死的，没有了生机，没有了活气，外边人怎能使他向上，使他好起来呢？所以想要乡村向上长，必先让他本身有生机。可是这生机又从哪里去开呢？这就要靠启发农民自觉了。

什么叫农民自觉？所谓农民自觉，就是说乡下人自己要明白现在乡村的事情要自己去干，不要再和从前一样，老是糊糊涂涂地过日子，迷迷糊糊地往下混，这样子是不成了！现在一切事情，都要自己起来想办法，去打算，不要再等着候着的了！等候谁呢？等候真龙天子吗？真龙天子是不会出现的了！等候官吗？我们（乡下人）也不能靠官来替我们办事。我们不是说过吗？单靠官府替乡村办事，往往是祸害乡村的。所以现在等候谁都不成，必须我们自己起来想办法，去打算，必须自己去干。乡下人如果能明白了这个意思，这便叫做农民自觉；乡下人如果真能照此去干，这便叫做乡村自救。农民自觉，乡村自救，乡村的事情才有办法；

所以我们说乡村建设顶要紧的第一点便是农民自觉。

救济乡村要靠乡村组织

农民自觉了，乡下人明白乡村的事要自己去干了；但是怎样干法呢？这还要靠乡村有组织。天下事无论什么都不是一个人干所能干得好的。如果你干你的，我干我的，大家各不相顾，各不相谋，结果谁也干不成功；必须大家组织起来，也就是说必须大家合起来一齐去干，才有办法，才能干得好。无论作什么事，都要如此。试想什么事情不是靠大家齐心协力才能干成功的呢？一个人能把事情干得好吗？我们不说远的，即就乡村治安来说吧：要想维持乡村治安，防御土匪，必须大家合起来齐心协力地去做才行；一人一家的力量，是无济于事的。一人一家能防得住土匪吗？能保得安全吗？这显然是靠不住的，要防御土匪，最小限度须一村人合起来才有办法。比如乡村里面若有不良份子，一经查出，便大家合起来共同监视他，不准他与外面来往勾结，这便除去了土匪的引线；大家再共同守夜，共同打更，一旦发生匪警，大家共同抵御，这样便可以挡得住土匪。这都是要靠全村人合起来的力量才能办到的。一村如此，全乡各村如果能联合起来，力量更大一点；全县或邻近几县联合起来力量更大了。如果能有这样一个大的联合力量，那还怕土匪吗？简直可以让土匪消灭无踪了。现在鲁西的乡村治安，就是这样维持的。最初他们也是先从一家作起，但结果他们知道了一家防御土匪是不行的；所以才全庄联合起来。后来庄与庄又联合起来，有所谓联庄会、联乡团等等组织。大家合起来防御土匪，治安问题就解决了。

再就谷贱问题来说：原来乡下人全指望拿粮食换几个钱来度

日;而现在粮食便宜不值钱,这让乡下人痛苦极了! 但是一个乡下人对于这个问题又有什么办法呢? 市价就是这样低! 人家都这样卖! 自己哪能独卖高价? 高价卖不到,而又等着用钱,不得不卖;所以就只得认吃亏,自己暗叹了! 你也认吃亏,他也认吃亏,大家都认吃亏,这个问题遂没有了办法。可是大家如果能组织起来,办法就可以有了。例如大家组织合作仓库,把粮食储存起来,等市价涨高时再卖,或运往别处去卖;这样便可以多卖几个钱,并可以免受商贩的居中抽剥。若等着用钱,有了合作仓库,对外也可以有了通融,以合作仓库的名义,便可以向银行借款。——如果没有合作仓库,以一个乡下人向银行借款是借不来的;必须大家合起来,设法结成团体(组织合作仓库),有了信用保障,银行家对你放心了,才肯借款给你。再则团体借款是成总的,成总借款,银行里才好办;不然,零零碎碎的,银行里也不愿意受那个麻烦。

又如造林,也须要大家合起来才有办法。邹平西南一带多山,本宜植树;可是每一个山上,都是童山濯濯,很少树木。问他们本地人:"为什么不种树呢?"他们回答说:"我们也知道种树是好事;但种树容易保护难。"我们告诉他:"你们可以组织林业公会,大家共同种植,共同看护,不就可以免被人偷了吗?"他们照样作去,现在果然有几个林场了。

还有整顿村风,改良陋俗,也须要大家合起来才有办法。例如禁赌博,禁缠足,禁早婚,禁吸食毒品等等,必须大家同心协力商量好了一齐去禁,才能成功。若只一个人不赌博了,而别人不改,赌风仍然盛行;别家都缠足,一家一人虽然自己想放或不缠,而亦不敢违反风俗；人家的孩子都早婚，自己纵然想改，又怕别人的讥笑和鄙视；吸食毒品的人，也须要大家共同劝他帮他断瘾，才能完全戒绝。总之，无论什么事情，都须要大家合起来才能办，也就是须要有组织才能办；各自一个人是没有办法可想，是找不出解决之道的。所以我们说乡村建设顶要紧的第二点便是乡村组织。

农民自觉、乡村组织是解决乡村问题的基本条件

乡下人必须明白乡村的事要自己去干，并且能大家合起来齐心去干——即自觉地有组织地去干，这样事情才有办法，乡村以外的人才能帮得上忙；不然，乡下人不能自己起来想办法，乡村成了半死的，没有了生机，没有了活气，则乡村以外的人，是干着急使不上力气去的。现在外边有很多的人都是对乡村有好意的，都是想着来救济乡村的。开头我们已经说过：现在中国朝野上下的人们，都已注意乡村建设；社会团体，政府机关，都在倡办乡村工作；连外国人也有很多是想着来救济中国乡村的。

美国煤油大王每年以好几百万的资金，去作怎样帮助人的事情。例如帮助研究学术的团体，举办各种慈善事业，他都化去很多的钱。其主持的机关名为"罗氏基金委员会"。在北平有个协和医院，建筑得富丽堂皇，比宫殿都好，规模宏大，设备齐全，每年医好无数的病人；这个医院就是他们办的。他在东方，不但是中国，其他如日本、印度等地方，都有大批捐款去做各种有益于人的事。对于中国，他最近决定要救济中国乡村，提倡乡村建设，所以他想把那项捐款全用来帮助乡村运动团体，这也就是间接地帮助乡村了。再如定县的平教工作，他的经费是从那里来的呢？有好

多是从外国募来的。像燕京大学、金陵大学都以研究乡村或办乡村事从外国募款。总之,现在有很多的外国人,愿意来帮助中国乡村。不过我们要注意:必须农民能自觉,乡村有组织,外国人才能帮得上忙;不然大家散散漫漫,外国人怎能跑到乡间去帮助每一个人呢?

开头我们说过:现在中央政府设有一个农村复兴委员会,还有中央农业实验所,在那里研究试验,作各种农作物的改良——如改良棉种,改良麦种等等,并且要将试验改良出来的好种子设法推广,想从改良农业上帮助农民;可是如果农民不自觉,乡村无组织,大家仍是散散漫漫的;那么,他就是有好的种子好的方法,想介绍给你(农民)也没法介绍呀!你们零零散散,各不相顾,想找一个说话的人都找不出来,又怎能把好种子好方法介绍给你们呢?再如南京有个卫生署,是专注意公共卫生的,他对于各地流行的传染病——如霍乱、伤寒、发疟子等症,都极力加以研究,想法子预防或治疗;但他所研究出来的方法,也须靠各地乡村有组织,才能推行得广呀!如果你们散漫没有组织,夏天的时候,虽有传染病流行,而不能把详细情形报告上去,他们(卫生署)怎能帮助你们?就是有防治的办法,也没有法子传送到乡村啊!必须乡村有组织,能把各地传染病流行的情形作个报告,上边得知下情,才好研究;防治办法,也才能传布下来;送给你们的药物,也才有个法子分散。

还有银行界的注意乡村,投资乡村,前边我们也已经说过。现在天津上海各银行里,屯积着无数的资金。大批的现金停滞在都市,不能流通,这让银行家着急到万分!所以现在再有人要想存几十万几百万的款在银行里，则他不但不能要利息，反要倒贴给银行多少钱才行，这很可以看出都市资金的充斥了。因此银行家便想方法投资农村，到农村来找他的出路。若是都市上屯积着的资金，果能流通到乡村，有这么一大批款在乡村里活动起来，不是很好的事吗？乡下人借钱最少要出二分三分的利，多者或者要到五分六分，而银行贷款利息不过是几厘，这对乡下人实在是一个莫大的便宜了。但是前边我们也曾说过，以一个乡下人向银行借款是借不来的。一个乡下人向银行借款，没有担保，数目零碎，银行里决不肯借给你。所以乡下人要想得到这个便宜，必须乡村有组织，大家结成团体，信用有了保障，借款也是成总的，银行家就乐意贷款给你（乡下人）了。

再说社会团体教育机关想着来帮助乡村的，更是不胜枚举。例如在开头已经说过的北方的平教会、南方的乡村改进区以及我们的山东乡村建设研究院，都是来帮乡村的忙的。不过我们只能站在帮忙的地位，不能直接的就去替乡村办事，如本院在邹平倡办种种社会改良运动，社会建设事业，都要以邹平地方人为办事的主力，研究院只能站在旁边，从旁帮忙，从旁供给些材料办法，不能就由我们替大家来作。换句话说，事情还要大家先起劲，大家能自觉地有组织地起来为作事的主体，然后我们才能帮得上忙；不然，大家不起劲，我们想帮忙也帮不上去，纵有一点好办法也就无用了。所以现在我们所希望的就是邹平地方人能够明白这个意思，能够起来齐心协力地谋自救，把乡村建设的责任，自己负起来，自己先起劲多用力，不要让外边人的苦心白费，不要辜负了这个好机会。

　　现在政府里提倡乡村自卫,也是想让乡下人要自己想办法自己负责去办的意思。如在江西、安徽、湖南、湖北等省共产党闹得最厉害的地方,单靠军队去剿是不行的。剿了这个,顾不了那个;待这个剿平了再去剿那个时,这个又起来了。处处留兵防守吧?又那能有恁么多兵呢?所以结果就想到要靠农民自己防守了。当时政府极力奖励劝谕乡村自卫,要农民自己起来防御共匪,这足见政府里也已经明白:"乡村的事必要靠乡下人自己起来想办法,自己负责去办"的意思了。

　　总之,乡村建设顶要紧的是什么呢?就是这两点:"农民自觉","乡村组织"。这两点实在是解决乡村问题的根本条件;有了这两点,乡村的事情才好办,乡村的事情才好进行。换句话说,现在顶要紧的就是乡村自己振作。乡村自己能振作,自己里面先有生命有生机(即能自觉有组织),然后才能吸收外边的滋养料,才能接受外边的帮助;不然乡下人不能自觉地有组织的去谋自救,而单靠乡村以外的人来救济乡村,讲求乡村建设,那么,讲也是白讲,干也是白干,结果是不会有真的成功的。乡村的事,乡下人不自己起来办,乡村以外的人干着急也没有办法,想帮忙也使不上力气去。——现在中国的大病就在此,就在内(指乡村)外(指南京上海等)上下不通气。内地乡村顶需要外边材料方法的帮助,而外边也正想以材料方法帮助乡村;可是无处用力,想帮忙帮不上去,这真痛苦极了!所以现在顶要紧的就是赶快想法子启发农民自觉,促进乡村组织,让乡村有生命有生机,能与外面沟通,吸收外边所供给的方法材料,像花木吸收肥料一样,渐渐地就可以发荣滋长了。

第三段　乡村组织

一、什么叫组织

通常见的种种组织

以上我们把乡村组织说得那么要紧，但是"组织"二字究竟怎么讲呢？浅着来讲，所谓"组织"就是大家合起来的意思。乡村的事，必须乡村有组织才有办法；也就是说乡下人能齐心协力地合起来办才好办。一个人不好办事，无论办什么事情都须要大家合起来去办才方便，效力才大。所以我们在社会上可以随处见到各种组织。例如合伙做买卖算是一个组织；一同烧香赶会，结队旅行，也都算是一个组织。我们不必说远的，即就乡村里边所有的各种组织来说吧：如红枪会、在礼的，以及各色教门，各种秘密结社，都算是组织。再说社会上的三教九流五行八道，都各有他们的组织。尤其是中国社会里的大家族，更可以算是一种组织。因为中国的家庭，不单是夫妇二人小范围的结合，而每每是很大的家族,有父子,有兄弟,叔叔伯伯,堂叔兄弟等等;常有好几辈子不分家,几十口人在一个锅里吃饭;并且有家长有族长,总管一家一族的事,这在旧社会里很可以算是一个组织了。我对邹平的情形不很熟悉,邹平的家族组织是怎样我不知道。可是我在广东的时候,看见他们的家族组织都很大,一个庄子里边,多半是一族一姓的人。一个大族就有好多的祠堂——有最久最远的一个老祠堂,从老祠堂再分下来,一房一房,一支一支,又各有祠堂。就是土匪的结合,也可以算是组织;一个杆子头率领着许多伙计,也很有他的组织。总之,如果浅着来讲组织,则这种组织随处都可以见到。也可以说:人活在社会上,随时随地都在组织中。这样来讲"什么叫组织"就很容易明白了。

一个组织必须具备四个条件

照以上所说,人活在社会上,随处可以见到各种组织,随时随地在组织中活着。那么,东也是组织,西也是组织,有种种不同方式的组织,组织是很多的了;不过虽有各种不同方式的组织,而分析起来,凡是一个组织,总都具备四个条件:

    1.许多人合起来;

    2.一个共同目标;

    3.有秩序;

    4.向前进行。

若把这四个条件,用一句话包括起来说就是:"许多人合起来,向着他们底一个共同目标,有秩序地进行。"所谓许多人,即不限定人数之意,十个八个,三十个二十个,几千几万,不管多少人都行。

所谓目标,也不管是什么。可是总得向着一个共同的目标;并且是为有秩序地进行,才能算是一个组织。一个组织,必须具备上述四个条件,缺一不可。"许多人合起来,向着他们底一个共同目标,为有秩序地进行"这一句话,看似很平常,但细讲起来,意思也很深。只是在这里我们没有功夫细讲。

二、中国缺乏组织——缺乏团体生活

浅着来讲组织,诚如以上所说:人活在社会上,随处可以见到各种组织,随时随地都在组织中,东也是组织,西也是组织,组织是很多的。但认真讲来,那所说的种种组织,都不能算是真的组织;中国社会是缺乏组织的。我们不是常爱说:"中国社会太散漫"、"中国社会像一盘散沙"吗?这都是说中国社会是没有组织的。的确中国社会是太散漫,散得像一盘沙一样;太缺乏组织,太缺乏团体生活了。以下就来讲一讲我们中国社会是怎样的缺乏组织。

中国有两大缺欠

我们中国有两大缺欠,这两大缺欠是此刻中国所急切需要补充的;可是这急待补充的两件东西,又正是我们一向所顶缺乏的。好像一个人顶干渴了,而他家正没有水一样。那么,中国顶缺乏什么?顶需要什么呢?

　　1.便是团体组织;

　　2.便是科学上的知识技能。

这两点是我们顶缺乏的,而同时却正是西洋人的长处。西洋人擅长这个,我们顶缺乏这个;所以自中西相遇之后,我们就着着失败,敌不过他了。尤其是缺乏头一点,更是我们敌不过西洋的最重要的原因。

缺乏团体生活为更要紧的一点

有的人说,中国所以敌不过西洋,是因为中国没有新的科学技术。这一点我也承认,不过在我看,这尚不是顶要紧的一点;我认为顶要紧的,乃在于西洋人有团体组织,而中国人则没有这个。中国现在所苦的,自一面说,固然是在物质的缺乏,如缺乏飞机大炮唐克车之类;但这些都是家伙;家伙都靠人来制造,靠人来运用。要看重人的关系,不要看重家伙。如果中国以这么多(四万万五千万)的人,而能成为一个团体,那么,一个团体就是一个力量,中国能有这么大的一个力量,什么家伙不能有呢?外国又何足怕呢?一切外患,我们都可以抵御,一切事情,我们都有办法了。有了团体,便能够行动一致,说一声要什么,大家便一齐都做什么,这样,天下事还怕有不能办成功的吗?例如抵制外货,说一声抵制,大家便一齐抵制,全国人没有一个人买外货;那么,外货自然就可以抵制住了。这还是就对外来说;即就对内言,若有了团体,一切事情也就都有了办法。例如乡村若能成功一个团体,则不怕土匪的祸患,不怕军队的骚扰,也不怕官府的虐政或暴敛苛征……什么都不怕,我们对于一切,都有力量制止他。现在我们为什么不能制止他?就是因为没有团体组织的原故。没有团体,所以就只有任人鱼肉了。再说对外,没有团体,抵制外货也不会成功;我抵制你不抵制,你抵制他又不抵制,这不是等于不抵制吗?无怪乎外货仍是畅销无阻了!总之,所有的过错,都怨大家不能团结。这并不是那一个人的不好,问题之所在,就在人的关系没弄好,就在缺乏团体组织。

从以上所说看来,就可以见出中国社会是缺乏团体组织。的确中国社会是太散漫了,在从前的中国老社会中,大家都是各自关门过日子,我不问你的事,你不问我的事,从来没有过过团体生活;所以《老子》说:"鸡犬之声相闻,而民至老死不相往来。"中国社会,的确有那种情形。

三、中国人因无团体生活致有两大缺乏

中国人没有过过团体生活,由上所述,大概就可以知道了。而因为中国人没有过过团体生活,没有受过团体生活的训练,所以就有了两种毛病,也就是有了两大缺乏。那两大缺乏呢? 兹分别言之:

(一)缺乏纪律习惯——人多时不能有秩序

纪律习惯是多数人在一块行动时所必不可少的。许多人在一块,必须大家都能够守纪律,事情才能进行敏速顺利。在前边我们曾说"许多人合起来,向着他们底一个共同目标,为有秩序地进行"。所谓"有秩序地进行",也就是说要有纪律的意思。更明白点说,必须大家步伐整齐,行动一致;不然,我这样,你那样,互相妨碍牵掣,则一步难往前进行了。那么,要想大家都能守纪律,怎样才能办到呢? 这就要靠每一个人练习着把自己收敛约束,要用自己的耳目心思去注意听从团体的命令。大家都能这样,养成习惯,遇到集合开会,自然秩序好。但中国人对于这一点顶不会做。

　　我们常听到人这样说："中国人太不守秩序了！每逢在共公会场里，总是吵吵嚷嚷，闹个不休，真是了不得！例如在戏院、电影院等娱乐场里，你们听吧，说话的、嬉笑的、卖水果的、卖花生糖的、嗑瓜子的、吸烟的……种种声音，直闹得嘈杂不堪。"由此我们便可以见出中国人是如何的没有纪律习惯了。我们再看外国人的情形是什么样呢？外国人每逢到开会的时候，都是非常整齐严肃，进退周旋，一丝不苟。即在戏院里，也是静观台上的演做，台下观众，一声不响，他们决不肯因为自己的说话，扰乱大家。他们在团体生活中，是很能够自己收敛的。不因自己妨碍大众，这便叫做守秩序，有纪律习惯。

　　我们又常听到留学生或久住外国的华侨们这样说："当我们坐船回国时，到上海一登岸，就感觉到诧异！感觉到扰攘难堪！你看：码头上的脚夫、洋车夫，以及客栈里的茶房，都在那里吵吵嚷嚷，跑来跑去，争夺行李；乘客们亦是争先恐后，拼命地向前挤；市内大街上来往的行人车马，亦是乱碰乱撞；这样情形，若在外国，一定是发生火警了；不然，决不会这样紊乱！"的确，在外国处处都是很有秩序的，无论是在街上走着，或者是上船下船，上车下车，都有一定的秩序，断不会你推我挤，争前抢后。

　　再如中国人每逢在码头上、车站上或戏院、电影院的门口买票时，则无不争先恐后，乱得了不得。在外国则自能秩然有序，他们并不用警察拿着棍来指挥，自然会站成一行，常是排到几里路远，而后来的人仍是按次站到最后去。他们对于这守秩序，守纪律，简直是已经养成习惯了。他们为什么能如此呢？因为他们知道有纪律有秩序，事情才能办得爽快便当。如果大家抢先，则事情不但不能进行得快,反倒要受妨碍,而进行得慢了。所以他们每逢多数人在一块时,都很能守秩序,守纪律。

西洋人所以能守秩序,有纪律习惯,也是因为他们过团体生活久了,自然训练出来的。中国人因为从来没有过过团体生活,没有受过团体生活的训练,所以也就没有了纪律习惯。反过来说,亦正因为缺乏守纪律的习惯,团体生活也就老过不好,老不能结成一个团体。二者循环相因,遂让中国益形散漫了。

(二)缺乏组织能力——不会商量着办事

所谓组织能力,简单的说,就是会商量着办事的意思。乍听"商量着办事",这不是很容易的吗？商量商量,又有什么不会呢？其实不然,商量着办事,与独断独行不一样;与单是听着随着做事也不一样。真正有组织能力,会商量着办事的人,他是遇事便抱着一个商量的态度。对于团体的事情,自己肯用心思,肯出主意。但同时也知道尊重别人的意见,参酌别人的意思。他既不是漠不关心;也不是揽到自己身上。事情怎样办法,他是要尽着大家来决定,要大家来共同磋商讨论,以期商量出一个都首肯的办法来。自己的主意如果得不到大家的同意,便自己让步,把他拿回来修改;修改了再提出,仍不通过,则再修改;就是说十句大家一句也不采用,那么,也得跟着大家的公共决定去做,不能说因为己意不得行,便不管不问了。总之,所谓商量着办事,就是大家对于团体的事,彼此都要用心思,出主意。在磋商讨论的时候,一方面不肯随便牺牲自己的意见;而同时也要知道尊重别人的意见。大家总是彼此牵就,彼此让步,末了自会商量出一个各都首肯的办法来。但怎样才能使大家彼此牵就,彼此让步呢？这须要大家都有很大的耐烦性,都知道顾全大局。——所谓耐烦性,就是耐性的去磋商,好像做买卖一样,要价还价,彼此磋商,这非有耐烦性不可。所谓顾全大局,就是说无论如何不让团体分裂,为维持团体,不让公共的事情停摆(不会商量,便容易让团体分裂,公共事情停摆,此理后详)。自己可以尽量的牵就让步,乃至牺牲自己的意见亦无不可。这样知道顾全大局,能耐性地去商量,则事情总会有一个公共决定,团体的事情总不致停摆。那么,这个样子的商量着办事,中国人就从来不会了。对于中国人,你让他自己出来当家作主,也许能行;或者让他随着别人去做,也能办到;而最难最难的就是让他们大家商量着办事。

曾任县长多年的徐树人先生,尝向我说:"乡下人的脾气,我可知道了!他们是不识抬举的!凡事你若用强硬手段,下道命令,要他如何如何,很痛快的可以办到;若一尊重他,说:'请你们各自发表意见,你们大家商量着来办吧!'那么,就糟了!他们很容易商量不到一块,因而事情反办不动了!这时再下命令强制他们如何,亦不愿听了。"这话似乎也很有道理,乡下人听着随着的习惯尚有一点,而商量着办事的习惯则一点没有了。

我没有常住过乡间,对于乡间的事情不很清楚;可是对于城市学校里的学生的情形却很知道。据我所知道的,学生也不会商量着办事。例如各学校的学生会、自治会等等,多半不能干得好,那是什么原故呢?就是因为会员们有的是马马虎虎对于团体的事情不关心;而热心的学生又很容易落到强人从己,独断独行。如果大家听从他的意思,他很高兴干;对他少有不赞成,不照他的意思去办,那么,他就马上心灰意冷,甚而至于不管不干了。在热心的时候,要按自己的意思去做;冷淡起来,对团体的事便不管不问,过犹不及,都是不会商量着办事的明证。

　　总之,商量着办事是中国人最不会的。无知识的乡下人固然不会;有知识的学生也不会。要想让中国人商量着办事实在是很难很难的。因为不会商量着办事,所以就不容易结成团体了。人人都说:"中国没有三人以上的团体。"为什么三人以上便不能结成团体呢? 就是因为不会商量着办事的原故。——因为不会商量着办事,常常发生以下三种不好的现象:

　　1.因为大家不会商量,就容易落到一两个少数人来垄断操纵,大家只是听着随着。事情由少数人垄断,则难免于少数人有利,而于多数人有害。例如现在有许多事情——政治上的种种设施,对于多数人多半是不利的。为什么如此呢? 不就是因为那些设施办法,皆未经大家商量讨论的原故吗? 未经大家讨论商量,而能行得通,亦是因为大家不会商量只会听命的原故。如果大家会商量,能结团体,则于大家没有好处的事情,少数人决行不通,苛捐杂税横征暴敛等,都可以设法制止他了(此理前边已说过)。无奈多数人不会商量,不能结团体,故势必落到一两个少数人来作主,而于多数人不利。

　　2.因为大家没有商量着办事的习惯,所以遇事都不肯牵就让步,都不肯牺牲自己的主张;于是各行其是,互相冲突,结果常常让团体分化破裂。中国最近二三十年来,所以闹得四分五裂,连年内乱不已,不都是因为这个原故吗? 大家政见不同,说不到一块去,便彼此冲突打架,这都是不会商量的贻害；如果大家会商量，中国早就可以统一了。

3.因为大家不会商量，彼此说不到一块去，即不分裂，而团体的事情亦往往因之停摆。大家商量一件事情，你不肯牵就我，我不肯牵就你，相持不下，事情得不到一个决定，无从进行，于是就停摆了。彼此情愿事情停摆，也不肯牵就让步，这实在是没有组织能力，不会商量着办事的一个大毛病。

关于商量着办事这一点，西洋人实胜过我们。在西洋的团体里面，每一个份子对于团体的事情，都很肯用心思，出主意；同时又能尊重别人的意思。他既不是漠不关心，也不太固执己见，自己的主张得不到别人的赞同，他便牵就让步，或者牺牲自己的主张去服从公共的决定。他这种组织能力，会商量的习惯，是怎么有的呢？这也不是一天来的，他们所以会商量着办事，也是一两千年习惯成的。我们要知道，西洋人的生活完全是靠团体的，他离开团体便不能生活；所以使他不得不维持团体，不得不耐烦地去商量。在商量的时候，也能牵就让步，也能牺牲自己的意思，他无论如何不肯使团体的事情停摆。这好像一家人在一块过日子一样，须要天天做饭吃，谁也不愿意让饭停了；因为这就是大家生命之所寄托呀！既然大家生命寄托在此，总希望能有一个决定进行——不拘怎样一个决定，都好过没有决定。因为有决定，才有方向；有方向，才能进行，才不致让团体的事情停摆。

西洋人最怕团体的事情得不到一个决定，不能进行；可是中国人则不怕，只要他家能天天烧火做饭吃，团体的事情进行与否，于他无碍，他并不看重这个问题。他为什么如此呢？因为他的生活并不靠团体的原故。前边我们说过，从前的中国人都是各自关门过日子的,俨如《老子》之所谓:"鸡犬之声相闻,而民至老死不相往来。"不和现在一样大往大来的常常开会。在那个时候,顶多也不过是乡里之间,遇有小事,大家亲亲热热通通融融地立个规约而已;此外便没有了什么组织,各人的生活是完全不靠团体的。生活既然不靠团体,所以团体的事情,有没有决定,能不能进行,于他就无关重要了,他也就不肯耐烦地去商量了。两三千年来他都是这样散散漫漫地活着,现在你想马上让他耐烦地去商量,他一时哪能改过这个脾气来呢?普通说中国人最和平;但从另一面看,中国人的脾气亦最大。当大家商量事情的时候,如果自己的意见不得通过,就老不舒服,老不肯忍这口气;对别人的意见也不去参酌了,公共的决定也不遵从了,这实在是一个顶大的毛病。这都是不会商量着办事,没有组织能力的明证。

四、中国没有团体组织的原因

中国人没有团体组织的原因

　　中国人为什么没有团体生活?西洋人的团体生活又是怎么来的呢?这说起来话长了。大概根本上从中国无宗教西洋有宗教就两下分家了。例如从前西洋人多半是迷信宗教的;并且他那个"教"与中国的佛教很不相同(与中国甘肃省的纯正回教尚有点相似),他是有组织的。他那个教会真可以算是一个团体组织,对于个人真有一种拘束力,真能够管理个人。换句话说,他那个团体真有团体权。同时团体里面的各个份子,也真愿意受团体的约束管理。因此宗教教会就训练成西洋人的团体生活了。而中国则从来没有宗教团体。在中国的回教徒虽然尚能团结,好像有点团体组织了;但回教徒为数甚少,占中国人口最大多数的汉族,则多半是不信宗教的。中国人几千年来都是念孔子的书,信孔子的道理;而孔子的道理是适与宗教相反的:宗教是让人"信他",让人信从教条。换句话说,他是把是非标准放在外面,让人信从外面的一个标准;拿外面的一个偶像来统摄大家,拘束大家。而孔子的道理,则是让人"自信",让人信你自己心里的是非,不把标准放在外头;所以常有"反求诸己"、"汝安则为之"等话。这样便适与宗教相反,不能成功宗教了。西洋养成团体生活的主要条件之一既然是靠宗教,而中国没有了宗教,所以也就不易养成团体生活,就缺乏团体组织了。接着经济生活上又不同,中国尽是小农制和手工业。所以在中国的老社会中,大家都可以安安稳稳地各自过各自的日子,生活用不着靠团体。例如种地的各自种自己的地;做生意的各自做自己的生意;念书的各自念自己的书。就是念书念够了之后,去赶考的时候,仍是各人考各人的,谁也用不着组织团体。组织团体干什么? 种地用得着组织团体吗? 念书用得着组织团体吗? 无论种地或经商,顶多只是一家人合起来去经营就够了,都用不着组织大团体。而同时政治生活上又以缺乏国际竞争而趋于消极无为,与西洋国际竞争激烈、国家依靠人民来抗敌、人民靠国家来保护者大不同。自然而然一则不关心国家,一则国家观念明强。例如在欧洲的局面是小国林立的,欧洲全面积比中国并大不了许多;可是在那么大小的一个地面上,竟有好几十个国家。国家既多,则国际间的冲突也一定要多,国际竞争一定厉害;而国际竞争越厉害,也越让他自己(一国一国的)团结坚固严密;团结越坚固严密,则团体(国家)的权也越大。因为他既然要常常对外,则上面的代表团体(国家)的政府,非用命令来指挥调动大家(人民)不可,非让大家听从团体的命令不可;故越是有对外竞争的时候,团体的支配权亦越大。而团体里边的份子,因为如果没有国家的保护,便不能生活;所以他也不得不靠国家,不得不结团体,他为自己的生活得到保障,亦愿听从团体的命令。政府有统摄力,人民有向心力,这样就易于养成团体生活了。但中国在过去的历史上并没有剧烈的国际竞争,所以也就不易有坚固严密的团体组织。中国在周末春秋战国时代,虽然也曾分为若干国家,有点国际竞争;但是那种局面,并未持久,到了秦汉,就又统一为一个国家了。南北朝时,再告分裂;而至唐宋,又复先后统一。总之,在中国历史上,这么大的一个地面,多半是统一的局面;所谓"天下一统",所谓"溥天之下,莫非王土",都是说明中国过去多半是天下统一的。地面虽然这么大,而能成为一个国家,不是小国林立,所以就不致有什么剧烈的国际竞争了。唐宋之后,虽然与外族的接触渐渐增多,并且元清两朝,都曾一度入主中国;但是这些外族,其文化都比汉族低,说不上与汉族有真正的竞争(此意前边已说过);所以我们仍然可以说:中国在历史上是没有什么剧烈的国际竞争的。既无剧烈的国际竞争,国家无须常常对外;所以也就不大管束支配人民,人民亦不依靠国家(中国人没有国家观念是人人都知道的),二者的关系极其松软。国家不管束人民,人民不依靠国家,团体(国家)就不能坚固严密了。因为国际竞争不烈,致使中国没有团体组织,这尚是外边一面的原因;此外还有内里一面的原因:就是中国的国家构造与外国不同。因为中国非阶级统治,故政治趋于消极,此益使人民散漫,忘了国家。在外国都是一个阶级来掌握大权,统治其他阶级——此即所谓阶级统治;而中国的统治者,则不是一个"阶级",乃是一个"个人",他是一个人来统治天下万众。所以我们可以说:中国的国家构造,是一人在上,万人在下;而外国则是一个阶级在上,一个阶级在下。一个阶级在上统治其他阶级,其统治力量必大;若一人在上统治万人,就不能用大的统治力量了。一人对万人,没有很大的力量,他不能过于用力量来统治大家,对于人民,不能采取干涉的态度,不能够积极地去作事;他只能用消极的、不扰民的法子,以求上下的相安。所以中国历来的政治,都是消极的,不扰民的,以"消极无为"为尚。如吕新吾《治道篇》所说:"为政之道,以不扰为安,以不取为予,以不害为利,以行所无事为兴废起弊。"这就是中国历代帝王所奉行的治道原则。的确在中国的老社会中,乡下人与国家的关系,极其松软;乡下人除了完粮纳税或因诉讼见官之外,便与国家没有多大的来往;甚且可以说中国人民几不知有国家的存在。尤其是在天下太平的时候,天下越太平,人民越忘了国家,国家亦越忘了人民,这样,不是让中国又不能有团体组织了吗? 更兼过去皇家亦不许人民结团体,这也是让中国不能有团体组织的一因。在过去的中国社会中,天下太平,是由大家散漫,各自安分过日子才得到的。所以我们可以说从前中国社会的太平之道,就在大家散漫;而你如果不愿散漫,反要惊师动众地去结团体,这便与太平之道相反,皇家一定感觉不安,一定对你不放心。(因为有了团体,便有了力量;有了力量,便容易闹乱子,便不大妥当。)大家都是散散漫漫的,你偏要结团体,这是想做什么? 想造反吗? 皇家哪能允许你呢? 一定要加以制止，这是很自然的道理。皇家既然不允许人民结团体，因此，中国亦就不容易有团体组织了。使中国没有团体组织的原因，固然不止以上所述，但这是最重要的几点；且于这几点之中有了一点，也就很可以让中国不能有团体组织了，更何况中国兼而有之呢？

五、团体组织的必要

中国因无团体故处处失败

在从前西洋人还没有过来的时候，我们散漫无力没有团体，还不要紧；那个时候，我们爱怎么样，便怎么样，很可以各自关门过日子。可是到最近几十年来，国际竞争已经压迫到中国，我们就不能再像从前那样散散漫漫地各自关门过日子了。现在中国已是国际竞争中的一位，再像从前一样没有团体散漫无力，已经不行了。在此世界中，欲图生存，非注意结合团体不可；无论是讲文的，或者是讲武的，都须要靠团体去应付这个剧烈的竞争。讲武的如国际间的武力竞争，固非有团体不可；即讲文的如国际间的经济竞争，亦非有团体不可。我们且不往深处说，暂从浅近的地方，容易使大家明白的地方来说吧：例如外国的货物为什么比中国的又好又便宜呢？这就是因为人家是大规模的生产，而我们则是零零碎碎的小规模的生产的原故。在此科学进步、利用机器的时候，越是大规模的生产越合算；小规模的生产，则产品成本比人家的高，而品质反不如人家的好；这当然就不能与人家竞争了。再则我们零零碎碎，力量单弱，也敌不过人家的大力量。比如种地，你种三亩，我种五亩；再如做生意，你开个作坊，我开个铺子；

这样零零星星的,力量单弱,怎能敌得过人家的大力量呢? 照现在说,货物最便宜,对外倾销能压倒一切国家的,要算是苏联了。他为什么能如此呢? 就是因为他对于生产与贸易,都是由国家来经营;他是合全国的力量为一个,以全国的力量对外竞争,无怪乎谁都敌不过他了。其他欧美各国现在也都要学着这样做。现在各国既然都在结合团体,以团体的力量作经济上的竞争,这个时候,我们中国若仍是散散漫漫,没有团体,没有组织,照旧各不相顾,各不相谋;那么,就绝对没有法子与人家竞争,就不要再想活着了! 我们看现在事实上不就是这个样子吗? 这些年来,中国在工业方面,比前些年还要失败,如火柴、面粉、纱厂、煤矿种种工业,通统一年不如一年,通统不能维持;这是什么原故呢? 不都是因为力量单弱? 抵不住人家的压迫吗? 人家以全国的大力量,我们以各个纱厂煤矿的力量,相与竞争,我们当然要失败了! 不但如此,并且工业失败了,而其余的中国人仍是见死不救,眼看着工厂都关了门,还是不买中国货;这又是因为什么? 也是因为没有团体,没有组织的原故。因为没有团体,没有组织,大家仍是散散漫漫的,尚未转过头来走往合作里去,所以仍是各不相顾,各不相谋,各自打小算盘;打小算盘,只要便宜,便买外国货,至于本国工厂的关门不关门,漠不相关。现在再拿眼前事实上的例来说吧:邹平各机织合作社此刻多已关了门,这是因为什么? 就是因为机织合作社所织的布不如外国布便宜,远近邻舍家都买外国布,合作社的布卖不出去,所以就歇业关门了。这都是因为大家尚未能组织起来,仍是各自打小算盘的原故:打小算盘,则贱一个铜子,也要买外国布。其不知为沾这一个铜子的小便宜,却上了大当,钱都化给外国,自己的工业就失败了。这能怨谁呢？都怨大家未能真的合成一家：如果大家能合起来成为一个大团体,打一个大算盘,到那时候,就知道了用自己的布,方是真的合算,方不肯再用外国货了。无奈现在不但不能如此,反倒要自己互相竞争；商人们彼此争利,同时又想多赚农民的钱。人各一心,不能互助,这谁也不能怨,只能怨没有团体,不能合作。在大家尚未合作之前,当然是各不相顾,各不相谋,失败受苦,是免不了的。所以现在中国最要紧的,就是赶快想法子结合大团体。非结大团体不可,非打大算盘不可；不然,将来一定要更糟糕！不要再想活着啦！但我们要有什么样的组织呢？下节言之。

六、此刻中国人讲求组织时所应特别注意的两点——亦即乡村组织的要义

此刻我们所需要的组织,我想有两点意思是应特别注意的；这也就是乡村组织的两个要义。兹分述其意：

（一）让团体里面的每个份子对团体生活都渐为有力地参加

前边我们说过：中国人缺乏纪律习惯,缺乏组织能力,不会商量着办事；现在这一点就是要救正此病的。所谓"有力地参加",就是要大家学着有组织能力,要大家商量着办事。换句话说,就是要团体里面的每个份子,对团体的事情,都要在心里想一想,从心里过一遍,然后再大家商量商量,磋商出一个共同的决定来,一致向前去进行,这便叫做有力地参加。本来对于团体的事情,若能听着随着去做,也不能算不参加；但这不能算是有力地参加。有力的参加,必须是每一个份子,都能用得上一份力量,都是主动的。要知团体有进步的与不进步的之分;怎么样是进步的团体?怎么样是不进步的团体呢?简单地来说,其分别就在团体中的多数份子是主动抑是被动。在旧式的团体生活中,多半是少数人作主,多数人被支配,多数人只是随着主脑人物走;换句话说,即多数份子都是被动的,这便叫做不进步的团体。到最近二百年来,西洋人的团体生活,其团体中的多数份子,不单是听着随着了,对于团体的事情,多数人都已用了一份力量;换句话说,他已由被动转为主动。这样的团体,便叫做进步的团体,或说是民主的团体,民治精神的团体。等到有了这样进步的团体,则又胜过单是有团体:因为团体中的多数份子,都是主动的,对于团体的事情,都已用了一份力量,则团体的力量将要更大,比单是有团体者更要厉害。比如说一个国家,里边的国民,都很关心国事,都能用得上一份力气;那么,这个国家比那只有团体而团体中的多数份子皆为被动者,其力量不更要大得多吗?而在后者的国家里,多数份子对于国事,都不关切,使不上劲去。这种国家,哪里还会有更大的力量呢?所以要想让团体有力量,必须要里面的每个份子都为有力地参加。团体里面的多数份子如果不能都为有力地参加,则不但团体不能有大力量;并且结果往往多数份子自己受祸害。如现在中国的情形,多数人民受祸害,不都是因为这个原故吗?大家想一想是不是呢?请大家这样想就明白了:现在中国大多数人为什么受祸害?不就是因为大多数人落于被动的地位,自己不能当家的原故吗(此意前边亦已说过)?如果是自己当家,哪里还能自己祸害自己呢?比如办一件事情,是本着大多数人的意思去做的;那么,这件事情一定不会为害于多数人。而现在多数人落于被动地位,人家说办什么就办什么,说怎么办就怎么办,而他的意思又未必与你相合,结果自己就受祸害了。所以今后要想不受祸害,就不能再是单听着随着,必须自己当家;不能再让少数人来垄断操纵,必须每一个份子都为有力地参加。

因为多数人是被动,不能自己当家,以致自己受损害,由此而要每个份子都为有力地参加,这尚是一个很浅明的道理;底下跟着再说一层深的意思,请大家注意:大多数人自己不能当家,若能名正言顺地让一两个少数人出来当家,大家都真能听着随着他走,也不要紧,事情也有办法。例如日本与欧美各国,在从前也都是少数人(皇帝贵族)作主来支配多数人,多数人只是听着随着,居于被动的地位。再如德国,他们的人民要算是世界上最有纪律最守规矩最整齐的国民了,他们对于这听着随着的习惯练得再好没有,可以说是做到家了;所以他们能成功为一个有力的国家。可是我们中国怎么样呢?这可就糟糕透了!多数人既不能自己当家,而全国亦不能老老实实地跟着一个人走。二三十年来的政争内乱,不都是因为这个原故吗?大家想一想对不对呢?如果大多数人自己虽不能当家,而能名正言顺地说:"我们不当家了,请你来当家吧!"那么,这个人不管他是谁,随着他一个人走,事情也一定好办得多;无奈这个办法,现在是做不到了。——现在的中国,名义上已是中华民国了;既云民国,便是要大家来当家,不允许一两个少数人再出来当家了。而正因为如此,就把中国苦了。名义上是要大家都来当家;而实际上又谁都不会当家,谁都不能当家,谁也捞不着当家,所以就产生出许多假造民意伪托民意的事实来。试看民国二三十年来的政争内乱:这个说"我是代表民意",那个也说"我是代表民意",主张袁世凯做皇帝的人说这是民意,反对袁世凯做皇帝的人又说那是民意,甲打乙说是代表民意,乙倒甲也说是代表民意;但究竟谁是真正代表民意的呢?其实谁也不是真正代表民意的,因事实上没有民意可言,所以才有这假造民意伪托民意的出现。那么,要想免除这种事实,就要大家结合起来商量着当家,以表现出多数人的意思;有了真民意,自没有假民意。换句话说,必须每个份子对团体生活,都为有力地参加,中国才能太平。固然中国人没有组织能力,不会商量着办事;可是现在因为只有这个办法可用,所以虽然不会商量,也得学着去商量。一个人当家,尚可以独断独行;多数人当家,则非商量不可。商量着办事虽然是很不容易,亦非学着去做不可。换句话说,现在中国要想结合团体,非把这个组织能力培养起来不可。所以我们的乡村组织的第一要义就是:

> 培养组织能力,实现团体生活。

这十二个字看着虽很简单,可是他就可以把乡村组织的第一要义包括净尽了。这是乡村组织的第一个要义,也就是此刻我们中国人讲求组织时所应特别注意的第一点。

(二)让内地乡村社会与外面世界相交通

此处所谓交通,当然不是单说道路的交通,不是单指火车轮船的走来走去,而是说精神上的交通。如一切知识、风气、见闻等等的交通。换句话说,就是要把内地乡村社会的情形——如缺乏什么,需要什么,可能做到什么等等情形,送达于外面世界去;而把外面世界的科学上的新知识方法,送达于内地乡村来;这样的交通,才是我们所说的交通。可是或者有人要问:"为什么乡村组织必要与外面世界相交通?又为什么内外相交通必须靠有乡村组织呢?"以下就来说明这个道理。

我们要知道,我们中国若与现在的欧洲人美洲人或日本人比较起来,我们有一个很大的缺欠,就是他们的科学上的知识方法太多太妙,我们的太少太笨了。换句话说,在知识方法上,我们是个落后的国家;缺少知识方法,这实在是此刻中国人的一个大的缺欠。不过有许多的人却见不及此,他们说中国的缺乏是缺乏钱,说中国社会太穷,外国人太富。记得曾有人计算中国全国各大银行的资本,说:"中国全国各大银行的资本总计起来,在我们看去,自然算很多很多了;可是若与外国比起来就不行了。不要说欧美,就以日本论,我们总合起来,也不过刚及三菱三井两家的资本。"又有人说:"中国的缺乏是缺乏军事设备,如缺乏飞机大炮军舰唐克车等等。人家的飞机飞起来遮满天;而我们只有几架,飞在空中稀稀朗朗的。人家的海军,我们也简直不配相比。不要说海军飞机了,即以火车轮船言,我们的铁路若与外国比起来是少得多么可怜呀!说到船只,那更少了;在中国海上或内河行驶的轮船,差不多可以说全不是中国的;中国的船只若与外国比起来几乎等于零。"总之,有许多人认为中国就是缺少许多东西:缺这个,短那个,总是一个穷,总是一个短,什么都短,所有的都短;所以中国人就很着急了。可是因为着急就赶快想法子买飞机大炮,这个办法就行了吗?在我想是错误的。这些缺短我也承认;事实上缺短,我能说他不缺短吗?没有,我能说他有吗?并且没有的当然要想法子让他有,缺短的当然要想法子把他补上。可是要想把所短的补上,却不能光在东西上补,要在知识方法上补才行。换句话说,现在我们虽然是短东西,可不能光补东西,光补东西是补不完的;要紧的还是补知识方法。例如钱短了光拿钱来补能补得上吗?钱短要学会人家赚钱的方法,钱就不短了;不学方法,光拿钱来补,钱又从哪里来呢?即令有点钱,钱完了又怎么办呢?再如短飞机,必须自己有方法会造飞机,飞机才可以源源而来;短粮食,必须学着种地改良农业,粮食才可以源源不断。总之,我们不怕东西短,就怕方法短;所以我认为此刻中国顶缺乏的就是缺乏方法;顶要紧的就是赶快想法子把我们所缺乏的方法学进来。

西洋人顶见长顶过人的,乍看好像就在他有飞机大炮火车轮船了;其实这种种的发明,种种的制造,都是由于科学上的知识方法而有的。试看他们对于什么事情都有了很深奥的学问,一样一样的都成了专门知识专门技能,一行一业都由专家来料理,这实在是他们顶见长顶过人的地方。反观我们中国怎么样呢?在从前的时候,为农为工为商都不成学问,所有的高文典册,都是讲的人生道理,从来没有谈到过为农为工为商的方法;即令有点方法,也都是老农老工老商的积年经验,肚子里头所记得的一点,从来没有上过书本。所以说到科学上的知识方法,事事精益求精,不断地改良进步,那实在是我们所顶缺乏的了。我们既然顶缺乏科学上的知识方法,所以现在顶要紧的就是赶快想法子把我们所缺乏的知识方法学进来。

但怎样才能把知识方法学进来呢?这就要靠乡村组织做到"使内地乡村社会与外面世界相交通"这一点了。乍一想,我们缺短新知识方法,派留学生到外国去学就行了;又何必定要靠乡村组织做到"使内地乡村社会与外面世界相交通"呢? 例如不会造飞机,就派留学生去学吧! 其实这是不行的,单派留学生是没有用的。派留学生中国老早就派了,曾文正公时就已经派过,那时派的老留学生到现在都已七十多岁了。老早就派,一直到现在还是派,这能说派的学生少吗? 并不是少,以我说还嫌多哩! 为什么说多呢? 记得我有一位朋友是在法国学造船的;学会了造船,及至回国却没处用,学了一顿回来用不着,到处找事没有事做。他如学农业的学工业的回来都没有事做,找事很不容易,很多留学生回国后都是闲着;这不是多吗? 学了人家的那一套回来在本国的工业农业上用不上,结果只能光教教外国语;这不是单派留学生没有用吗? 若问为什么如此? 这就是因为他犯了一个错误,他们不知道知识方法是不能整套的往家搬的。缺短东西,光搬东西固然补不上;缺短方法,光搬方法也是搬不来。总之,整套的往回搬就不成,想搬人家的那一套来填补自己的这个空,通统不成。我们要知道人群社会的事情,原来是活的,不是死的。死东西缺短一块,可以拿另外一块来补上;而活东西若有缺短,就必须靠他自己生长来补,要慢慢地在那里往上生长,从生长中来补足他那个缺短。所以我们要想让中国的缺短能够补上,必须让中国自己慢慢地往上长,往前进步,方能长得上。比如说我的个儿矮,那就得慢慢地往上长啊! 不能说矮就接上一块吧! 接能接得上吗? 再如农业,法国美国的农业很有名了;可是我们决不能就把人家的搬到中国来呀! 我们只能借着人家的作参考,把自己旧有的农业逐渐地加以改良进步:从没有的上面让他有一点;从不好的地方让他改一点；有一点再有一点，改一点再改一点……
长，长，长，进步，进步，这样自己长进就行了。农业如此，教育也
是如此。我们中国从前就犯了这个毛病：把西洋的教育理论教育
制度等，都整套的搬到中国来了。殊不知这样办教育是无用的，
甚且是妨害社会的。——这种妨害，先还不觉得，到最近几年来
大家才知道了，知道如此办教育是愈办与中国社会离得愈远，甚
且是妨害了社会；所以大家才起来呕谋教育的改造，不再盲目地
去学人家了。其实当初就不应当光学人家，只要拿我们原来的教
育加以改良进步就对了。其他社会上很多的事情，如法律政治
等，亦通统应该如是，通统要就着自己原来的加以改良进步。把
人家的拿来当个样子，或者说把人家的拿来当养料，去咀嚼、融
化、摄取、吸收他的长处，好让自己慢慢地往上生长。可是过去派
留学生是怎么样呢？中国的留学生到外国去学农业的，对于本国
的农业情形却一点也不知道，自己没有一点农业经验，学来人家
的一套，硬要用在自己的农业上，那无怪他用不上了。那么，要想
改良进步怎样才能做到呢？

　　社会中各项事情都是相连的，这件事情进步那件事情也跟着
进步——农业进步教育也跟着进步，教育进步政治也跟着进步。
其他类此，总是互为因果联环前进；要进步都进步，要不进步都不
进步。要紧的就在能为社会开生机——生长进步之机。没有生
机不但不进步并且要退步。什么事情都有个根，开生机要在根上
开；各项事情虽然相连相通，但其间亦自有个本末。譬如花木枝
叶与根干相连，根固则叶亦茂；叶子都毁了，根亦吃亏；但生机只
能在根上求，不能在枝叶上开出生机。中国社会无论从过去历史

来说，从现在处境来说，乃至为未来打算，都必以乡村为根，农业为根；——由乡村而都市，由农业而工业，此一定顺序。现在我们就要四面八方从种种安排上为乡村开生机，为农业开生机。此处生机一开，整个社会一切事情随之进步。生机怎样开呢？此固非一句话说得了，然其中一个要点即必须将学术研究与社会事实相沟通。这两面不通，事实固不会进步，学术亦不会进步；若两面环转相通，打成一气，则不但社会进步，学术亦从而创造猛进。我们说"乡村组织要使内地乡村社会与外面世界相交通"用意即在此。因我们内地乡村文化太低，而人家外面世界文化程度高，所以需要成立一个文化上流通输送的机构；而乡村组织就要在这机构中站一个位置。并且这机构不单是文化的（学术的、教育的），同时也连带上经济、政治才行。例如农业一事，不要以派留学生为主，而要以内地农业改良试验为主；试验又不要单以设试验场为主，而要以普遍推广机构为主。我们理想的乡村组织就是一个好的农业推广机构。同时下级地方自治以及合作指导金融流通等等行政的或经济的机关，亦要让他相融或相连。农业进步不单是技术问题，还要有他的社会条件，总要各方都顾到才行。果能如是，则派留学生自然可以发生作用。即必须有了乡村组织，再接上农业试验场；有了试验场，再接上留学生；这样，新知识方法才能引进来。不然，没有乡村组织，则农业实验场不发生作用，没有农业试验场，则留学生不发生作用。我们可以这样说：生产事业的科学化，乡村生活的科学化，才算是科学技术在中国扎根。若科学没能于生产发生关系，于乡村发生关系，则始终不会有什么科学在中国成功。所以要想引进新科学知识方法，不但不能单派留学生,亦不能单设农业试验场;我们必须找着那个窍。那个窍是什么呢?就是要靠乡村组织使内地乡村社会与外面世界相交通。有了乡村组织,才能内外相交通;内外相交通,一切新知识方法才能引进来。(此意在讲"救济乡村要靠乡村组织"一节中已说到,可参看。)

总之,我们中国现在说来是短这个,短那个,什么都短,一切都短;其实所有的这些缺短,不外一句话,就是:"缺短知识方法";"知识方法缺短"这一句话就可以把所说的种种缺短都包括进去了。而知识方法又怎样才能引进呢?如上所述:那就要将新知识新方法的研究与社会生活事实互为推动,相携并进。而此则又必须靠有乡村组织使内地乡村社会与外面世界相交通。——有乡村组织,才能内外相交通;内外相交通,才能引进新知识方法。所以在乡村组织中,对于"使内地乡村社会与外面世界相交通"这一点意思必定要讲,这实在是乡村组织的第二个要义,也就是此刻我们中国人讲求组织时所应特别注意的第二点。

总括以上两点意思来说:此刻我们中国人讲求组织时有应特别注意的两点;也就是我们所要有的乡村组织需要包含两个要点:

一、如何使乡村里面的每个份子,对乡村团体的事情,都为有力地参加,渐以养成团体生活;

二、如何使内地乡村社会与外面世界相交通,借以引进外面的新知识方法。

如果是这样的一个乡村组织:最能使乡村社会与外面通气,吸收外面的新知识方法;最能使乡村里面的每个份子,对乡村团体的事情,都为有力地参加,渐以养成团体生活;那么,这便是一个顶好的乡村组织,便是我们所要有的乡村组织。

七、我们的组织从何处做起?

我们要有什么样的组织和此刻中国人讲求组织时所应特别注意的两点,由上所述,大概就可以明白了。如问"我们的组织从何处做起呢?"我们既然说是"乡村组织",当然是从乡村做起,从乡村入手来培养我们所需要的组织。但为什么必须从乡村做起? 以下就来说明这个道理。

事实上必须从小范围的乡村做起

事实上我们的组织天然不能不先从小范围着手。一定要先从小处慢慢地做到大处;先从近处慢慢地做到远处;我们没有法子一上来便从远处大处去做。这个意思也就是说:"我们的组织,必须要先从小范围的乡村做起,才比较容易、可能。怎么说呢? 这有两点原故:

1.从乡村做起容易引起人的关切注意——乡村这个地方是与我们(乡下人)的生活关系最亲切的;乡村的利害,就是我们的切身利害。例如一村摊款多了,自己的负担也一定要跟着加重,这与自己的利害关系太切了;所以我们平日对于乡村的事,都很有一种关切心。那么,我们从这个地方入手去组织,才容易引起大家的关切注意;不然,范围大了,利害虽然也与自己有关,可是一时尚不致及于自身,那便不容易让大家关切注意了。因此我们要想养成团体组织,培养份子对于团体的关切心,对团体事情的过问;则非从小范围的乡村入手不可,非从大家注意力所能及的地方去组织不可。

2.在小范围的团体里面自己的意思容易表达——在小范围的团体里面,自己对于团体有什么意思才容易表达。例如自己说话别人听得见,自己活动能影响别人;自己说话活动能够让别人听见看见,引起别人的反应,以后才更容易使其再说话再活动;不然,团体的范围大了,自己有什么意思便不容易表达,自己说话活动得不到别人的反应,那么,他便索性不说话不活动了。换句话说,他对团体的事情便不管不问了;这不是失却团体一份子的意义了吗?所以我们要想养成团体组织,要想培养每个份子的组织能力,让每个份子都为有力地热心参加;则非从小范围的乡村入手不可,非从大家活动力所能及的地方去组织不可。

根据以上两个原故,我们的组织,事实上必须从小范围的乡村做起;不过我们并不是单顾乡村,并不含有排外的意思,将来我们的组织自要扩大的。

除了从事实上说,我们的组织必须从乡村做起之外,我们为什么要从乡村做起,还有两点理由。

一点就经济上说

在今日经济竞争剧烈之秋,散漫的中国人,非联合起来组织起来不能自立自保。譬如生产,零散的生产就不行;必须生产者联合组织起来,采用进步的技术,运用团体的力量才行。但是中国的生产者就是乡下农民（因工人太少），所以说组织就要从乡村起了。又如消费多用外国货，则中国工业便起不来，中国必亡；但非消费者联合组织起来，则人人各顾自家，没法不买外国货。说到消费者又是乡下人（城里人消费虽大，但人数仍不如乡下多），所以组织又要从乡村起。

一点就政治上说

就政治上说，不外国家施政行政的一面和人民参预为政作主的一面，都必须靠有地方组织来发挥运用；那在中国社会的基层就是乡村了。譬如行政不达到乡村，即空浮等于没有；要想达到乡村，即必须乡村有组织。又如政权的运用（按照孙先生政权治权的分法），民意的发挥，更非乡村有组织是不行的。

八、乡村组织要以中国的老道理为根本精神

这里还有要紧的一点，就是"乡村组织要以中国的老道理为根本精神"。开头我们说过：乡村建设就是要创造一个新文化，创造新文化要以乡村为根，要以中国的老道理为根。所谓乡村组织就是要从乡村做起，从乡村开端倪，来创造一个新文化，创造一个新社会制度；所以说创造新文化要以老道理为根，也就等于说乡村组织要以老道理为根了。

要想说明为什么要以老道理为根，须先说一说西洋的风气及其与中国精神的不合；明白了西洋风气与我们的精神不合，才可以明白我们为什么必须以老道理为根。以下就先来谈一谈西洋的风气吧。

谈谈西洋的风气

说到西洋风气,须知有近代和现代之不同。我们前曾说过:西洋人从来就是集团生活,到了近代,有一个新风气,就是要求团体对于个人的尊重,承认个人的自由和参预公务的权利。这实在是对于团体过强干涉和少数垄断公务的一个反动。所有自由、平等、民主一切的说法,皆由此而来。这种思想主张,支配了二三百年的人心,影响了世界远近。及至最近,情势变迁,又转到一个不同的风气,认为个人自由(尤其经济上的自由竞争)妨碍社会,要求抬高团体,总揽大权,统制一切,这实在又是对于近代的一个反动。所有专政、独裁、统制等又成了时兴的主张,在现代世界上亦已风靡一世。这前后两种西洋风气,都与中国不合,我们要讲求团体组织,都不能完全用他。试举几点来说:

> 1.在近代风气中所讲的自由,就是拒绝团体干涉个人私事,凡我个人所作所为,无论是好是歹,如不碍大家的事,则谁也管不着。公私之间的界限划得很清楚,国家的权力虽大,而于个人的私事亦不得干涉。

> 2.在近代风气中所谓民主,就是将团体公众事情由大家开会商讨决定。全体一致,那自然最好;不过很少遇到,通常皆是取决多数。因此多数表决就成了民主这句话的内容。

这便是民治里头的两个要点,也就是西洋近二三百年来最为盛行的风气。这两个要点,若细讲起来,须用很多的话;不过他的要义,我们也可以用八个字来代表他。这八个字是什么呢? 就是"权利为本,法律解决"。他们那个公事多数表决的根本意思,就是由"权利为本"来的。他们好像是说："我既然是团体里面的一份子，我就有我的一份权，你也是团体里面的一份子，你就有你的一份权。那么，我们既然各有一份权，彼此平等，则对团体里面大家的事，就应当由大家来表决"；表决的时候，谁的意思占胜利，那就得要由票上见。例如一个团体，有一百个人，就有一百张票，表决的时候，若这边有五十多票，那边有四十多票，那么，五十多票的为多数，那四十多个人就得服从这五十多个人的意思，就得跟着这五十多个人走。由此看来，我们就可以知道西洋服从多数的道理，多数表决的理由，就是由于他那"权力为本"的观念，由于每一个人有一份权的意思而来。

多数表决之后就发生法律效力了；因为这多数人所表决的就算是法律。西洋的所谓法律，就是团体里面大家的一个公意；而团体公意如何见呢？就得由票上见。例如前边说的这边有五十多票，五十多票为多数，多数人的意见就算是团体的公意，公意就算是法律，大家就得遵守。不过这个地方有一个限制，什么限制呢？就是这五十多票所决定的一个意思或说是一个办法，却断乎不能干涉个人私事。关于公共的事情，可由大多数人来决定；而于个人的私事，则根本不许过问。他认为："我个人的私事，则我有我的自由处理权。"所以这种个人私事公家不得干涉的风气，也是从"权利为本"的意思来的。

公事多数表决与私事不得干涉，前者即所谓"公民权"，后者即所谓"自由权"。

我们常常爱说"权限""权限"，一言权，就要有限，这是必然的。西洋人既然是处处以自己权利为本，所以他对于彼此之间的界限讲究得很清楚:国家对于人民有他的国权;人民对于国家有他的民权;人民对于人民——我对于你,你对于我,彼此之间也各有一种权限;我有我的权,你有你的权,这个权,那个权,处处是权,人人有权,无处不是讲权,无处不是各以自己的权利为本。各以自己的权利为本,所以权限就必须划得很清楚了;此疆彼界,丝毫不得侵犯,这便是最近二三百年来西洋最盛行的风气。

"法律"这个东西怎么讲?他就是要把这个权那个权来规划订定明白的。比如说:我能如何,你能如何,我不能如何,你不能如何,把这些弄明白,划分得清清楚楚,这便是"法律"。有了法律,彼此之间再有什么交涉,有什么纠纷冲突,便一概归法律解决了;不但人民与人民有什么纠纷要归法律解决,即国家与人民或人民与国家有了纷争也可以去打官司。——代表国家的是政府,在西洋政制中就有一个可以审判政府的机关,所以一个人就可以与国家打官司。其他如人民的一切纠纷,那更是归法律解决了;乃至闹家务,在西洋亦要归法律解决。闹家务,在中国说,本来是一家里的事,不愿到法庭去;可是在西洋便须要到法庭相见。我们看西洋人打官司太容易了,动不动便到法庭去,刚有一点纠纷,本来算不了什么的,彼此牵就一点就过去了;可是在他们就不行,丝毫牵就不得,非说得清清楚楚不可,一说得不对胃,便到法庭讲话,说话之间就去了,说话之间也就完了,他们把打官司实在是看得太平常,把打官司走成熟道了。中国人便不是这样,在中国则非到万不得已,实在没有办法了才打官司,他把打官司看成是一件非常了不得的事。在中国人,如果两面一打官司,则彼此便同仇敌一样,有的好几辈子都和解不开;这与西洋人的打官司也完全不是一个味道。他们原来就是一切事情皆归法律解决,他们看打官司并不是什么了不得的事;虽然朋友法庭相见,也不致伤了感情。

总之,在西洋,处处都是以权利为本,事事都是归法律解决,"权利为本,法律解决"实在是最近二三百年来西洋最盛行的风气。——如果详细地来讲西洋风气,本来须用很多的话才能说明白;不过现在我们无暇多说了,就此打住吧。

西洋风气与中国精神之不合

关于这个意思,我想仍然就着以上所说西洋风气的两个要点来说:看那两个要点与中国精神到底有什么不合。现在先就第一点来讲:

1.公事多数表决与中国尊师敬长的意思不合——"多数表决"这句话,是西洋风气进来后,近几十年来,中国人才学会说的。在前些年,中国人从来没有听见过这句话,就从来没有人说过这句话。按中国的风俗是尊师敬长的,多数人要听老师及尊长的话。如果动不动便要多数表决,那就把老师与尊长取消了;抹杀了老师与尊长,这怎能与中国人的意思相合呢?例如一个老头,有几个儿子,又有许多孙子;那么,如果他们家中实行多数表决的时候,则他的子孙算是多数,老头一个人非失败不可,当爷爷的便没有了地位,这能合乎中国的人情吗?再如请老师,原来是为的咱不会,所以才请老师来教导咱;那么,既然请了老师,就应当听从老师的话,如果遇事我们都要多数表决,那还要老师有什么用呢? 但是,或者有人要问:"多数表决虽然与尊师敬长的风气不合,那么,我们就不能把尊师敬长的风气改了来学多数表决吗?"在我看这是错误的;因为尊师敬长在人类社会中是个必要。我们暂且不要说"长",先就"师"来说吧:我们研究研究在人类社会中是不是须要有"师"? 我们看看在社会上是不是有的人明白,有的人就差一点? 有的人知识多,有的人就少一点? 有的人德行高,有的人就差一点? 在这里既然是有高有低,那么,是不是:从个人说,应当跟德行高知识多的人(师)来学? 从公家说,应当托付德行高知识多的人来领导大家? 这一点恐怕谁都承认是应当吧! 因为若令一个贤者智者(德行高知识多的人)反去跟着多数愚者走,那不是越走越向下吗? 社会都是要求进步,哪能越来越向下走呢? 从这一点说,我们认为尊师实在是个必要,尊师敬长是应该的;所以我们不能改了这个去学"多数表决"。

2.私事不得干涉与中国重道德的风气不合——在西洋是个人私事旁人绝对不许干涉。一件事情,只要不妨碍公共秩序,就不算犯法;不犯法,就可以随自己的意思去做,谁也问不着。可是在中国人看,则一件事情,虽然不算犯法,而在私人道德上或者成问题;这样的事情,在中国是要受干涉的。这种不同是什么原故呢? 这就是因为西洋把法律与道德分开了,分得完全不是一回事;在中国人看,则道德与法律是相连的。中国的礼与法(**礼俗与法律**)很相连,在他认为不道德的就是犯法的,所谓出于礼即入于刑,这便与西洋的法律观不同了。在这里我想起了一个故事:我已记不清楚是在光绪末年抑是宣统年间,总之就是中国初次修改法律的时候。

当时因为中国旧日所用的法律有些是不合适了,所以皇帝便主持着参酌西洋法典,另行修订。那时请了刑务名家沈家本、伍廷芳等许多人担任其事。当修改的时候,有一个很大的争执,各人有各人的理由,相持不下。他们争执什么呢?就是为讨论"男女合奸不为罪"这一件具体的事实而发生了争执:有的说合奸不为罪,有的说虽合奸亦为罪。在西洋男女合奸,本来是不为罪的:因为他们两个人既然是各自愿意,又不妨碍到旁人,没碍到公共秩序,那么,你就用不着管他,你也不应当管他,那是他们的自由呀! 若是有夫之妇,出了奸情,算是妨碍了夫权,还算是犯罪;至于寡妇或在家的闺女与人家合奸,那就没有问题,他既然谁也妨碍不着,便谁也管他不得。西洋的道理就是这样讲法。中国可就不是这样看法了。在中国特别看重道德,就是说个人常常在改过迁善中;自己有了过失,无论大小轻重,总要常常去改,常常存个改过向上的意思。中国人既然如此看重道德,那么,在公众团体中如果把道德看着没关系,个人的不道德也不许旁人过问,这怎能合乎中国人的意思呢? 而人生向上亦是真理,亦是不能让步的。我们不能改了这个去讲自由。

总之,在中国有他的老道理,为人类所不能废。此老道理虽多,要不外两点:一是互以对方为重的伦理情谊;一是改过迁善的人生向上。何谓伦理? 伦理的意思就是说:一个人生下来即与人发生了关系(至少是有父母,再许有兄弟姊妹),从初生一直到老死,一辈子总是有与他相关系的人,一辈子总是在与人相关系中生活。最初有父母,再则有兄弟,大一点就有妻子,再大一点又有子女,出外读书就有师友,经商就有伙伴,这些都是与他相关系的人。在相关系中就有了情;有情就发生了义。例如父母有爱子女之情,即有教养子女之义;子女有爱父母之情,即有孝顺父母之义。总之,因情生义,大家都在情义中;大家从情分各尽其义,这便是伦理。不然,父母不能教养子女,那便是没有尽父母之义,就不能算是好父母。反过来说,子女不孝敬父母,那还能算是子女吗?兄弟不能相敬爱,那还能算是兄弟吗?夫妇没有夫妇之情,朋友没有朋友之情,也就不能算是夫妇朋友了。所以必须彼此有情,彼此有义,有情有义,方合伦理,方算尽了伦理的关系。伦理关系怎么讲?就是互以对方为重,彼此互相负责任,彼此互相有义务之意。所以我们也可以说:伦理关系就是一个义务关系。说到义务关系就与西洋个人本位的权利观念相反了。按权利的意思来讲,就要说:"我是你的儿子,你可得养活我!我有叫你养活我的权利!"反过来说:"我是你的老子,你可得孝敬我!我有叫你孝敬我的权利!"他这种说法,仿佛是把我们的说法恰好倒转过来。盖一个是以对方为重,从对方讲起;一个是以自己为本,从自己出发。

何谓人生向上?人生向上就是不以享福为念,而惧自己所作所为有失于理。如古人所说的"食无求饱,居无求安,敏于事而慎于言,就有道而正焉"。所谓饱、所谓安就是人生幸福;所谓有道,所谓正就是人生之理。人生之理不假外求,就存乎人类自有的理性。理性虽自有,每借一个更有理性的人,即所谓"有道"之指点而得省悟开发。故人生向上必尚贤尊师。这与西洋"公事多数表决,私事不得干涉"的风气又不同。

但所谓中西不同,只是各有所偏,并非绝对不同。那么,既非绝对不同,便有沟通调和的可能。此沟通调和,盖自西洋风气最近之转变而事实上已有可见者。

西洋风气的转变

以下即来看西洋最近如何转变。在这里我想仍然就着西洋风气的两个要点"公事多数表决,私事不得干涉"来说:

1.公事多数表决的风气之转变——本来在西洋公共事情所以要多数表决也是出于不得已,因为自中世纪以后西洋人皆认识了"自我",肯定了"自我",认为我既是团体的一份子,便有我自己的一份权利,对于团体的事情便要有一份过问的权;可是每一个份子都要过问,不肯放松自己的一份权利,那便容易因意见不同而争论,而相持不决,事情便没有法子进行了。所以这个时候,要想让大家不致老是争论不已,不得决定,那就得多数表决。多数表决了,大家一致遵行,便可以省却了多少争论麻烦,这实在是一个最省事的办法。但是我们要知道,多数表决固然是省事,而多数所表决的不一定就算是对。所以现在西洋也渐渐地觉到这个办法的不合适了;现在西洋亦已慢慢地在那里改,在那里转变。例如在政治上有所谓"专家立法"、"技术行政"等等,那就是说:我们要想政治的事情做得好做得对,还不能就由多数表决;必须请问专门家、学术家,必须听从他们的话才行。这个意思也就是说:我们要尊重智者。在这里我们就可以找到一个中西的沟通调和点了。在我们中国从前的时候,尚贤的风气与他们尚智原同一理,所谓贤智,按中国的名词来说就是一个"师"字;尊师,尊尚贤智,实在是人类社会中的一个必要。

2.私事不得干涉的风气之转变——前边我们已经说过:在西洋从前的时候,团体干涉个人太厉害,以后又一下子翻过来,个人要求自由,拒绝团体的干涉,这种私事不得干涉的风气,完全是从个人对团体的抗争反动而来的(如教徒对教会的抗争,人民对国家的抗争,在西洋史中,这种记载很多)。那么,团体原来是由众人合起来的,团体原来拘束力很强,份子都有一种向心力;而现在多数份子都一个个硬起来,岂不是都由向心力变为离心力了吗?是的,近代西洋的"个人主义",就是由向心力变为离心力。换句话说,近代的西洋因为从前太偏于合,太偏于向心了;所以现在就以离心救正向心,以分救正合,以求大体上得到一个平衡,使两边都不要有所偏。"个人主义""权利观念"之所以在西洋用着合适,也就是因为这个原故。可是,到现在怎么样了呢?因为救正从前的偏,走上了离心的路,走上了分争的路,一走走了几百年之后,到现在又不合适了,又太偏于离心了(原来事情最怕的就是偏,偏了就要生流弊);所以西洋最近的风气就又反对离心。西洋到最近代又有一个新的风气;这个风气是什么呢?就是现在所常说的"社会主义"。"社会主义"怎么讲?他就是反对"个人主义"的。在西洋近二三百年来,因为政治上、经济上处处都讲"个人主义",处处都以个人为重;而"个人主义"一发达,就妨碍社会了。我们不必多举例,即就最显明的经济上的个人资本主义来说吧:什么叫个人资本主义呢？就是说：在工商业上个人可以自由竞争，个人营利赚钱不受干涉，个人的财产不受限制，个人的发财在法律上是没有什么拘束的。因此他就可以把个人的财产发展得很大，资本完全集中在少数个人之手，以致造成贫富悬殊、劳逸不均的现象。再则因为个人可以自由竞争，你也想营利，我也想营利，彼此互相竞争着营利，那么，就不能再顾社会了；不顾社会，就妨碍了社会。例如生产过剩、失业问题、经济恐慌等大病就来了。社会受妨碍，大家都感觉不合适。等到大家都感觉不合适，那么，连他个人自己也就感到不合适了。所以现在西洋就又翻过来讲"社会主义"，以社会为重，以团体为重，大家一致主张：个人不能妨碍团体，必须受团体的拘束干涉。等到这个思想发达起来，就又倒过来看重义务；权利观念就被压下去，在团体中不再讲有什么权利，而反倒要说须有什么义务了。例如选举，在从前是把他看成个人的一种权利；而现在有的人就把他讲做是个人应尽的义务了。再如对于自由，现在西洋也有一个新的解释。以前讲自由是一直地讲到底，认为凡是个人的私事，只要在法律上没有问题，那么，即让在私人道德上成问题，旁人也不得干涉；而现在他们觉着不能这样讲法了。现在他们是说：自由诚然得讲，可是，要知道国家所以承认你的自由，是为的让你好，让你能发展你的个性；那么，如果你对于自己太不经心，自甘堕落，残害你自己，那便违背了国家当初承认你自由的意思，到那时候，国家对你也要加以干涉。他这个讲法，是对于自由的解释又转了一个弯。在这里我们又可以找到一个中西的沟通调和点。前边我们说过：中国是不把道德与法律分开的，并没有把道德问题与法律问题看成是两回事；所以如果个人私事，虽在法律上无问题而在私人道德上成问题时，亦得干涉他。现在西洋既然也转到这个方向来，那么，在这一点上，中西又有沟通调和的可能了。

总之，现在西洋是正在那里转变：变"个人主义"为"社会主义"；变"权利观念"为"义务观念"。此刻西洋人对于"权"的话，大家已经不大高兴讲，对于自由亦已有了新解释；这样一来，便与我们相近了。——在这里大家要注意，我只是说他相近，并不是相同；因为现在西洋虽然是以社会为重，以团体为重，而这仍然是一个偏；我们则是要团体与份子互相为重：团体尊重份子；份子尊重团体。现在西洋还不到这一步；不过等他再往前进一步，就可以与我们相合了。

中国的转变

现在再来看我们中国将要如何转变。在未说中国将要如何转变之前，我想还是请大家先看中国原来的情形是个什么样子；知道了他原来的所偏，才能够看清楚他将要往哪里变。那么，我们中国原来的社会情形是怎么样呢？人人常说："中国社会像一盘散沙"，我们也曾说过：中国人从来没有过过团体生活，没有纪律习惯，没有组织能力；这些就是我们中国的偏弊。那么，中国既然是原来散漫，现在就应当赶快求组织了。换句话说，中国的病原来就在分散，就在份子是太离心；现在就应当投之以合，投之以向心的药了。如其不然，你现在反要提倡"个人主义"、"自由主义"、"权利观念",岂不是药不对症吗？因为"权利观念"发达了，则此疆彼界，分划清楚，更容易有纠纷；"自由主义"发达了，则团体里面的份子一个个都硬起来，更往离心的方向去；这岂不是让他散而更散、离而更离了吗？现在讲权利，讲自由，实在不是让中国走上团体生活之道。本来在西洋人，从前是借"自由主义""权利观念"走上民治的路子的；可是现在我们中国却不能借此走上民治政制的路，中国要想走上民治的路，必须救之以合，救之以向心。换句话说，必须发挥义务观念。不过，这个义务观念与以前说的义务观念又不同一点。以前所说的义务观念只是此人与彼人彼此个人间的（如父对子、子对父、君对臣、臣对君等）；而现在所要有的是：个人对团体、团体对个人的义务观念。本来这种义务观念在中国也不是绝对没有的，但总算是不够，总算是欠缺。例如从前的中国人，他看国家并不看成是个人与团体的关系；他看国家就只看见君与臣的关系。这仍是这个人与那个人的关系；彼此负有义务，也仍是彼此个人间的义务观念。现在我们对于这种义务观念，得要改了，得要救正了，应当把他改成：个人对团体，团体对个人的义务观念。从小范围来说，我对于我一村一乡的团体应有义务，对一村一乡的事情应尽力去做；而翻过来说，一村一乡的团体对我也应当有义务。例如我有了不幸，团体就应当顾恤我。再如一村的团体，对于村中的人应有教育他的义务，对于村里的小孩就要负责教育他。这类的事情很多，一时说不尽。总之，是要发达这个观念：个人对公家（小之一乡，大之一国）要有义务，公家对个人亦要有义务；彼此休戚相关，患难与共，这样就对了，就是我们所要发挥的义务观念了。我们也可以这样说：中国原来就有所谓：父子、君臣、夫妇、长幼、朋友等五伦，现在我们是要再给他加上一伦，或者说是替换上一伦；替换哪一伦呢？即拿团体对份子、份子对团体这一伦，代替君臣一伦。所以现在我们仍然可以说是五伦，仍是要发挥伦理关系，发挥义务观念。而亦只有发挥这个观念，才能让中国有团体；不然，你越发挥权利观念，越让中国人走入分争的路；走入分争的路，就更不能有团体了。

总括以上的话来说：我们中国现在所急切需要的就是要有团体组织，就是要往团体组织里去变；而求得团体组织之道，在中国是必须发挥伦理关系，发挥义务观念。换句话说，就是必须以中国的老道理为根本精神。恰巧现在西洋的团体组织之道也正在那里变：由"权利观念"变为"义务观念"。这样一来，便与我们相合了。这个事情很巧，好像天造地设的一样；历史迫着我们往西变，同时也迫着西洋往东变，我往西变，他往东变，两方就沟通了，调和了。沟通调和之后是个什么样子呢？那就是现在我们的乡村组织；我们的乡村组织，就是一个中西具体事实的沟通调和。

第四段　乡村组织的具体办法
——村学乡学

一、村学乡学的意义

关于乡村组织的意思,我们已经讲了许多话;但都是偏乎理论方面的,尚没有提出具体办法,所以恐怕大家还不很明白。底下就要提出具体办法来讲一讲,讲明白了这个,就可以让大家清楚乡村组织是怎么一回事了。这个具体办法就是现在邹平实行的村学乡学;村学乡学就是我们乡村组织的一个具体方案。以下就先来讲一讲村学乡学的意义。

村学乡学即一乡村组织

大家要知道:村学乡学不单是一个学校。本来从字面上看,既然称曰村学乡学,就不能说他不是一个学校;可是,他虽是一个学校,你却不要把他当做是一个学校。最好是说他是个学校,而同时也就是一个乡村组织。比如说乡学,他固然是一个学校;可是,你不要看他就是乡里头的一个学校(当然也不是在乡外头),这个学校特别大,他把整个的乡都包括在内,他是包括全乡而等于一乡;可以说乡学即乡,乡即乡学,乡有多么大,乡学亦有多么大,一乡有多少村,多少人口,那么,所有的村,所有的人口,也就都包括在乡学里头。试看《设立乡学村学办法》第二条:"乡学村学以各该区域之全社会民众为教育对象而施其教育。"这个意思就是说:一个乡学(或村学)要把一乡(或一村)的全社会民众,通统当做学生,把全乡(或全村)里头的男妇老幼一包在内,都算是乡学(或村学)的教育对象。再如前项办法第九条:"……酌设成人部、妇女部、儿童部等……"在这条文上虽只开出三部,但不限定就是三部,因为底下还有"等"的字样。意思就是说:成人部以上还可以添设老人部,儿童部以下还可以添设幼稚部,妇女部以上还可以添设老太婆部等等。总之,一个乡学,是要把全乡的人都算做学生。也可以说乡学就是以一乡为一学,村学就是以一村为一学。既然是以一乡为乡学,以一村为村学;而乡学村学不就是一个乡村组织了吗?在前项办法中,还有好几条都可以证明乡学村学即一乡村组织。如第三条:"乡学村学以各该学董会于县政府之监督指导下主持办理之。……"这就是说明乡学要以乡学学董会来办,村学要以村学学董会来办;而各该学董会,都是以本乡本村人来组织的(学董会之组织以下要讲到)。再如第四条:"乡学村学由各该学董会依该区民众群情所归,推举齿德并茂者一人,经县政府礼聘为各该学学长。……"乡学村学里的学长,也是一个本地人。办学的人,来学的人,都是本乡本村的,从这一点来看,也可见出乡学村学就是一个乡村组织。如其不然,我们设立一个乡学,虽然把全部的男妇老幼也都包括在内,而办学的人都是由上边政府派下去的;那么,所谓乡学便成了政府从外面给他安上去的一个机关,而不能算是乡村组织了。现在乡学里边只是把这一乡里边的人组织一下:谁当学长,谁当学董,谁当学众,这些人合起来办了一个乡学,学长学董学众都是自家人,这样才可以叫他是一个乡村组织。再看第五条:"乡学村学之经费以由地方自筹为原则;……"不但办学的人,来学的人,都是本地的;即办学的经费也要本地自筹。第六条又说:"乡学村学之一切设备为地方公有,应开放于一般民众而享用之。……凡各地原有之体育场图书馆等,均应分别归并于乡学村学设备中而统一管理之。"这个意思就是说:乡学村学不单是少数学生读书的地方;里边的设备,一般民众都可以享用。图书馆里的书,都可以来看;体育场里,都可以来玩玩;乡学村学原来就是一乡一村的。从这里也可以见出乡学村学就是一个乡村组织了。总之,乡学村学,是化自家的钱,用自家的人,办自家的事,设备为大家所公有,大家都可以享用;处处都表示他就是一个乡村组织。

二、村学乡学的目标

村学乡学即一乡村组织,其意既如上述;那么,底下一定接着要问:我们的这个组织是要干什么的呢? 换句话说,这个组织的目标是什么呢? (前边我们说过:凡是一个组织就是"许多人合起来,向着他们底一个共同目标,为有秩序地进行"。故一个组织必有他的目标。)

村学乡学的目标即"大家齐心学好向上求进步"

村学乡学这个组织,他的目标就是"大家齐心学好,向上求进步"。村学乡学,就是一村一乡里的父老兄弟子侄们,大家伙合起来,为"齐心学好,向上求进步"而有的一个组织。这个组织的用意就在这里——"齐心学好,向上求进步"。若问:这个组织将要干什么? 就是干这个;将要往哪里进行? 就是往这里进行。所以在《村学乡学须知》中的《学众须知》开头即说:"……我们现在更进一步,要使父老兄弟阖村的人结团体,成立村学;全乡的人结团体,成立乡学。结这个团体干什么呢? 为的是齐心学好,向上求进步。……"

与其他目标的比较

大概组织农村,普通所用的目标,也不外这几个:自治、自卫、合作……等等。现在就拿这几个目标来与村学乡学的目标比较一下,看哪个目标最合适,最妥当呢? 照我们说:自治、自卫、都不合适,都不如我们这个目标妥当。因为一言自治,便有要自己作主的意思;什么事情都要由自己作主,自己来办,这样便有一个很大的缺欠,与前我们所说"此刻中国人讲求组织时有应特别注意的两点"之第二点意思不合了。照我们看,现在内地乡村很多缺乏,需要补充,需要吸收外面的科学技术;而现在若以自治为题目,什么事情都要自己作主自己来办,那便无形中含着不需要别人,乃至排斥别人的样子。这就糟了! 把吸收外面长处的意思就完全没有了;岂但不吸收,他简直拒绝,简直是说:"我自治,你可不要干涉我!"这样,岂不是于内地乡村需要引进科学技术接受外面指导的意思不合了吗？现在有很多事情,你真的交给乡下人自己去办,还真的办不了;他不能办,也不去办。例如我们看见乡间有许多应当改良的事情:妇女缠足、男孩早婚(此风邹平尤甚,有七八岁即娶妻者;普通亦多在十一二岁)、吸食毒品、好赌博、不清洁等等坏习惯,说起来实在很多,都应当赶快改除;可是,如果以自治为题目,提倡自治,说:"这些事情你们自己去决定吧!"那么,他们就都不办了,就永无改除的一天了。试想,他如果肯办,不早就办了吗?以前并没有人拦阻他不让他办,而他到现在还是没有办,这不就可以知道他自己是不能办的了吗?所以我们要想改除这些事情,非加以推动,加以教育的工夫不可。现在我们在乡间,很应当提倡这个教育的意思,时常对乡下人说这个话:"有许多地方,你们得受教育,你们得改,你们得求教于人。"乡下人都有了这个意思,自己都肯向上学好求进步了,事情才有办法;不然,就永远不能办了。因此,我们就不能以自治为目标。至于以自卫为目标,那更不合适了。我们一看"自卫"这个题目就未免太狭隘,单单是为了自卫来组织乡村,这个意思太窄了。总之,以自治、自卫为目标,都不合适,都不如以"齐心学好,向上求进步"为目标能包括得宽。他能包括自卫,能包括自治,亦能包括合作。说个"学好",说个"求进步",就可以把任何事情,任何题目都包括进来了,这实在是一个最完善、最妥当、最和平而无流弊的目标。

村学乡学的目标最合乎中国的老道理——乡约的意思

以向上学好为目标,不但平妥无弊,并且最合乎中国的老道理,最合乎中国本来的风气。中国宋朝的时候,关中吕和叔先生曾经发起乡约，在他那本乡里倡导实行。后来历代儒者如朱晦菴、吕新吾、王阳明诸先生也都非常努力倡导。即到清朝皇家亦竭力提倡。其用意与我们村学乡学的目标亦很相近，他就是要一乡之人彼此相约共勉于为善；也就是大家齐心向上学好的意思。试看他相约的事情共分四大项：一德业相劝；二过失相规；三礼俗相交；四患难相恤。所谓"德业相劝"，就是说：大家要相勉于为善，大家都要向上学好；"过失相规"就是说：对于游手好闲、好赌博、好喝酒、好斗殴等事情，大家都要互相劝戒；"礼俗相交"就是说：乡党之间要有长幼之序，相亲相敬之礼；"患难相恤"就是说：对于水火之灾、防御盗贼、疾病、死丧、孤弱、诬枉、贫乏等等，都要互相帮助，互相顾恤。总之，他的用意与我们村学乡学的目标正相仿。也可以说：我们正是要师法古人；我们就是接续古人乡约的意思下来的。

村学乡学较乡约更多含一点求进步的意思

我们的村学乡学就是师法古人；不过，稍微有一点不同，我们比古人又稍微多了一点意思。多了一点什么意思呢？就是我们仿佛又多含了一点求进步的意思。这在古人的乡约里面也不是没有；而现在我们更要多含有这个意思了。现在我们所处的世界已与古时不同，所以我们于师法古人相勉为善的意思之外，还要多注意求进步；必须讲求进步才能适应现在所处的新环境。开头我们已经说过：此刻中国有很多缺欠需要补充，有很多地方需要进步；必须讲求进步才能应付现在的新环境。现在我们的村学乡学所以要比古人多含有这一点意思就是因此。

村学乡学的目标能合乎三点原则

村学乡学的目标是最平妥而无流弊，又最合乎中国的老道理了；同时又合乎三点原则——普遍性、恒久性、自觉性。第一他很有普遍性，因为"齐心学好，向上求进步"是谁都应当如此的，任何人都应当向上学好。以"齐心学好，向上求进步"为目标，便谁都可以加入，谁都应当加入。不然，若单以某一种狭隘的意思为目标，加入的份子便不能如此普遍了。再则他也很有恒久性，不像自卫组织一样，只是为临时防匪而有的，等到没有了土匪，组织也就没有了必要；而"齐心学好，向上求进步"是人类永远应当如此的。说到自觉性，这在开头的时候，加入的份子虽然未必全能自觉；可是，慢慢地也可以作到。因为我们成立村学乡学就是教育全村全乡人众的：教他们都自觉地来加入这个组织，大家齐心学好，向上求进步。这样，个人就可以慢慢地明白，慢慢地自觉了。

三、村学乡学的工作

组织必待事实来充实

从上边所说许多话来看，我们知道：村学乡学即一乡村组织，即一齐心学好向上求进步的团体；可是，我们要知道：一个组织不是摆空架子的，必须靠事实来充实。换句话说，一个组织必须能真的做事，真的干些什么。真能干些事情，才能促进大家的生活关系；大家的生活关系密切一点，组织也就充实一点；组织充实一点，则更能做事；更能做事，则组织更充实；如是辗转相成，组织即日臻完固。那么,我们这个村学乡学的组织,他能做些什么? 换句话说,他的工作都是些什么呢?

村学乡学的工作分甲乙两项

关于村学乡学的工作,大家可看《设立乡学村学办法》第九条所规定的甲乙两项工作:"(甲)酌设成人部、妇女部、儿童部等,施以其生活必需之教育,期于本村社会中之各份子皆有参加现社会,并从而改进现社会之生活能力。"所谓"施以其生活必需之教育",如成年农民要种田,就教他些改良农业的法子;妇女们要做衣、做饭、育儿、理家,就教他些家事。让他有参加现社会的生活能力,并从而改进现社会。"(乙)相机倡导本村所需要之各项社会改良运动(如缠足、早婚等),兴办本村所需要之各项社会建设事业(如合作社等),期于一村之生活逐渐改善,文化逐渐增高,并以协进大社会之进步。"村学除对本村的人加以教育工夫之外,还得看本村有应办的事(或为社会改良运动,或为社会建设事业)即提引倡导让大家商量着去办,这就是对本村整个社会的教育。要想让"一村之生活逐渐改善,文化逐渐增高,并以协进大社会之进步",就不能单教个人,不能单教个人进,必须大家一齐协助着往前进才行;单教一人或一家进,是进不动的。反过来说,前后左右的街坊邻舍都进步,而一家一人不进,也影响大家。例如劝大家放足,一家不听从,大家都受影响;一人不放,大家都要观望游移。所以要想社会能进步,必须大家一齐进。在《村学乡学须知》中的《学众须知》开头即说:"……一家兄弟同居,弟弟要强,哥哥不正经干是不行的;夫妇两过日子,这个好好的过,那个不好好的过是不行的。阖村的人大家不齐心,没有能办好的事。不但一人不好，连累一家；一家不好，连累一村；并且村里情形不好，影响一家；家里的情形不好，影响到一个人自身。要一身好，还须要一家好，要一家好，还须要一村好才行。因此我们阖村的人要联结起来，共谋一切改良的事，大家振作，合力整顿。"必须大家振作，合力整顿；无论是社会改良运动，或者是社会建设事业，都要大家协力共谋，商量着一齐去办才行。——村学乡学的工作就是包括以上这两项。

村学乡学的工作若与现在的教育作比较，我们甲项工作中的儿童部，便像普通的学校式教育；妇女部与成人部以及乙项各工作，便算是社会式教育（普通是把这种教育归之于民众教育或补习教育，但都算是社会式教育）。所以我们的村学乡学，他就是包括这两种教育：学校式、社会式。我们的村学乡学，他就是一个乡村改良求进步的机关，就是一个乡村改良求进步的团体。

在这里大家也就可以见出我们的村学与普通的村立小学不同。普通的村立小学只是呆板地教小孩念书；而我们的村学除了教小孩念书之外，还要讲求乡村建设，讲求社会的改良进步。

讲到这里，我记得很有些人问我："所谓社会改良运动与社会建设事业，究竟指些什么事？又先作些什么事情呢？"这个话实在不好回答，如果勉强的说，所谓"社会改良运动与社会建设事业"，范围包括得很广，什么事情都包括在内，什么事情都可以作。若问先作些什么？那你要看什么事情要紧，什么事情可能，你就去作什么；切不要有成见，非如何不可。换句话说，村学乡学的工作要因时地之宜。

村学乡学的工作要因时地之宜

关于谈这个意思的，在《村学乡学须知》中有这么两段话："村学乡学的工作尽可能的作，不勉强着非如何不可——村学乡学办法上规定工作，明有'视力之所及又事之所宜'字样，又有'酌设成人部……'、'相机倡导……'等字样，可见是尽可能的作，不勉强着非如何不可。成人部、妇女部、儿童部可以全设，亦可以设两部，还可以多设出几部（如青年部、幼稚部或其他）。社会改良运动、社会建设事业更是活动的，可以办这件，亦可以办那件，可以多办，可以少办。……""……例如传染病流行时则卫生运动即宜乘机进行，有匪患地方则地方自卫组织正好着手。农工生产事业尤从自然地理自然节候的关系而各异其提倡改良之所宜。……"《乡农学校的办法及其意义》上也曾这样说："山地可以造林……又如产棉的区域，我们要帮助他选用好的种子，指导种植的方法，然后再指导他们组织运销合作社。……因此乡农学校可以随时成立种种短期的职业补习班或讲习班，在实地作时就与他讲解；如种棉、造林、织布、养蚕、烘茧等等。又因此可以随宜成立种种组织，如林业公会、机织合作社、棉花运销合作社、储蓄会、禁赌会等等数不尽。"村学乡学的工作实在包括得很宽；不过，应当注意的是要拣可能的、要紧的去作，切不要拘执。但是，所谓"要紧与可能"，又如何认定呢？这就又有时间与空间的问题了，究竟什么要紧，什么可能，又因时因地而不同。这个全靠村学乡学教员的相机酌量；如果教员能够因时制宜，因地制宜，相机倡导，酌量办理，村学乡学的工作就活了。

村学乡学的工作须以教育工夫行之

这里大家还有要注意的：我们的乡学村学，像是代替了从前的区公所乡镇公所等机关；但自一面来说，他是把行政机关教育机关化了。试看《村学乡学须知》中所说："本县整个行政系统，悉已教育机关化，应知以教育力量代替行政力量——邹平实验计划上说：本实验计划既集中力量于推进社会，则自县政府以次悉为社会改进机关。社会改进即教育。不过此教育机关化的县行政系统，愈到下级（如村学）愈成为教育机关，愈到上级（如县政府）愈不能不带行政机关性质而已。愈到下级即愈近社会而直接民众，愈应当多用教育工夫而不用行政手段。……村学虽像是代替从前的乡公所，乡学虽像是代替从前的区公所，但村学乡学本身实是教育机关，并非以地方自治组织兼下级行政机关者。不过内容隐寓有自治组织之意，至多是自治组织的一种预备，不是正式自治组织。又不过以其中的一个办事人（常务学董）接受上级行政机关委办事项，至多这个人算行政人员而并非这个机关（村学乡学）是行政机关。此等处不可混淆。"从这一段话里，我们就可以看出村学乡学这个团体，他是把行政的事情用教育工夫来办。换句话说，他是把团体的公务当做学务，把村学乡学的工作（甲项乙项都在内）一切学务化。可是如果要问："为什么要把公务当做学务？把行政的事情用教育工夫来办呢？"底下我有几句很要紧的话回答大家：如果把公务就当做公务来办，则可以用一种强制性的命令来作，要你怎样办，就得怎样办，没有多少话说，没有商量的余地；那么，这样就成了一种死板的办法，失掉了教育的意味，村学乡学就变为县政府的一个下级佐治机关了。村学乡学变为下级佐治机关,村学乡学的工作都以行政手段来办,则一定不容易办好;并且与我们设立村学乡学的初意不合。我们最初的意思,原来是想借村学乡学来组织乡村,用教育工夫引生乡村自力,靠乡村农民自己的力量来改进社会,让社会进步。如其不然,完全用行政手段,用硬性的法令来办事,则村学乡学变为一个下级行政机关,没有了生气,没有了活力,就不能再尽其改进社会之功了。同时亦就不能养成真团体,真组织。

四、村学乡学组织之内容配置及其运用

现在再来看村学乡学这个组织的内容是如何配置?又如何运用向前进行呢?

村学乡学的组织由四部份人构成

我们可以说这个组织的构成是由四部份人:

1. 学众——村中或乡中男妇老少一切人等;
2. 学长——村中或乡中品德最尊的人;
3. 学董——村中或乡中有办事能力的人;
4. 教员(乡学又有辅导员)——乡村运动者。

村学乡学就是包括这四部份人。我们为什么定要有这四部份人呢? 这在我们有很深的用意;照我们的安排,四部份人便是四个独立不同的作用(辅导员与教员地位虽不同,其作用亦相似)。

四部份人即四个独立不同的作用

村学乡学的组织就是由四部份人构成,四部份人即四个独立不同的作用;明白了这四个独立不同的作用,就可以明白这个组

织是如何的运用了。村学乡学这一整个的组织完全靠这四个独立不同的作用来运行,四个作用缺少一面也不可,缺少一面,这一架大的机器(一个组织就好像一架机器)就全盘运行不好了。那么,这四个独立不同的作用都是什么呢? 我们先来看学众的作用。

学众的作用

学众的作用是什么? 按我们的安排,他就是改进乡村社会解决乡村问题的主力。因为所谓"学众"即指村中或乡中的一切人等而言,全村或全乡的男妇老幼通统包括在内,他就是乡村社会的主体。所以乡村社会的改进乡村问题的解决,当然要以这部份人为主力了。关于这个意思,开头我们已经说过:救济乡村要靠乡村自救。以下仍要说到:解决乡村问题要靠乡村自力。总之,我们认为乡村社会的改进乡村问题的解决,只有靠乡村自力,用乡下人自己的力量来解决他自身的问题。所以在《村学乡学须知》中说:"村学乡学应处处着眼为地方自治团体之完成——原所为设立村学乡学之意,即在促成自治。是以村学之组织隐然即一村之自治组织,村学之工作(尤其是乙项社会改良运动社会建设事业的工作)实即一村之自治工作。乡学之组织隐然即一乡之自治组织;乡学之工作实即一乡之自治工作。"村学乡学既隐然是个乡村自治组织,村学乡学的工作就是乡村自治工作,设立村学乡学的用意,原来就是为的促成地方自治;所以村学乡学的工作就必然要靠乡村自力来办了。可是乡村自力怎么会有呢? 零碎散漫不会有力量,要想有力量必须大家联合起来,联合起来才能够有力量解决问题。换句话说,乡村问题的解决必然要靠农民自己的齐心合作。任何一个问题——大事、小事、新事、旧事，无论什么事，除非他不想解决，如果想求解决，则非靠大家齐心合作不可。无奈现在乡下人自己尚没有看出这个路子，尚缺乏合作的自觉要求。现在问题虽然已经压迫到每一个乡下人的自身；可是，他们尚缺乏一种同在问题中的自觉，尚缺乏一种共同起来想办法的要求。诚如《村学乡学须知》中所说："盖今日天灾人祸，国际的经济压迫，国内的政治压迫，固无不加于乡村人之身；而在乡村人则尚缺乏一种起来想办法之自觉。"乡下人既然尚缺乏这种共同起来想办法的要求，尚没有看出这个须要齐心合作的路子；所以我们要启示提醒他，让他慢慢地往这个路子上走。如前边所引《村学乡学须知》中的《学众须知》开头即对他说："我们先要知道村学是个团体，乡学是个更大的团体，自己是在团体中的一个人。邻里乡党本来相依，古人所说的'出入相友，守望相助，疾病相扶持'便是。我们现在更进一步，要使父老兄弟阖村的人结团体，成立村学；全乡的人结团体，成立乡学。结这个团体干什么呢？为的是齐心学好，向上求进步。一家兄弟同居，弟弟要强，哥哥不正经干是不行的；夫妇俩过日子，这个好好地过，那个不好好地过是不行的。阖村的人大家不齐心，没有能办好的事。不但一人不好，连累一家；一家不好，连累一村；并且村里情形不好，影响一家；家里的情形不好，影响到一个人自身。要一身好，还须要一家好；要一家好，还须要一村好才行。因此我们阖村的人要联结起来，共谋一切改良的事，大家振作，合力整顿。"这就是让他明白：乡间的事情要想有个改良进步，决不是一家一人分散单个所能办到的；必须大家联结起来，共谋改良，合力整顿。可是这个

"共谋""合力"又怎样才能作到呢？这里有根本要紧的一点，就是让学众知道如何作村学（或乡学）一份子；换句话说，让每一个学众对村学（或乡学）团体的事，都要尽他团体一份子的作用；亦即前边我们曾经说过的：团体里面的每个份子，对团体生活都为有力地参加。那么，如何才算有力地参加？如何去作团体一份子呢？在《学众须知》中我们是这样对他说："第一、要知道以团体为重——村学是个团体，我们各人是团体中的一个人。团体事靠我们各人；我们各人还要靠团体。若一个人只图自便，不热心团体的事，团体散了，累及众人，还害自己。第二、开会必到，事事要从心里过一遍——公众集会，众人到，我必到。凡关本村之事或开会宣布的话，都要在自己心里想一想。知道不清的事要勤问。第三、有何意见即对众说出——我们既关心团体的事，自然就要有一些主张，应即说出请大家参酌。凡事经过讨论才妥当，各出己见，实不可少。有话便说，不必畏怯。"这几条是作团体一份子必须具备的条件。总其意有两层：第一、须对团体有关切心；第二、须常常过问公事不肯放松。所谓"关切心"，就是说：团体里面的每个份子，对于团体的事都要知道关切注意。单是关切注意还不够，所以第二必须跟着再去过问。比如你对于某件事情不赞成，不能只以叹气了之，还要把你的心〔表〕达出来。该反对的就反对；如果赞成的便用上你自己的力量去参加。可是团体里面每一个份子对团体都有关切心，都过问公事不肯放松，这样，又很容易落到争执不决；所以这个时候，就不得不再有这么一条："第四、尊重多数，舍己从人——自己意见虽要说出，但不可固执己见，凡众意所归，应即服从。不要太过争执，致碍公事进行。"但是,尊重多数之义明白了,又怕死板地归到"多数表决",不衷于情理;所以就又有第五条:"第五、更须顾全少数,彼此牵就——有时少数人的意见亦不可抹杀。若以多数强压少数,虽一时屈从,终久不甘服。总以两方彼此牵就,商量出一个各都同意的办法为好。团体之内,和气为贵;倚强凌弱,断乎不可。"村学开会时,总要和和气气商商量量彼此牵就为是。以上这几条都是学众应特别注意的。——这里还要补说一句:《学众须知》各条都是为村学学众说的,但村学学众同时亦便是乡学学众,所以那些话不独为村学而说,在乡学亦应如此。如《学众须知》第十四条:"要知推村学之义于乡学——我们为村学学众同时亦便是乡学学众。村学是小团体,乡学是大团体。……凡上面所叙一层一层道理,不独为村学而说,在乡学亦应如此;在村在乡原是一理,可以推知。"《学众须知》共十四条,通统是讲如何作团体一份子。如果学众能照样作去,那便算是一个很健全的团体份子,便算是尽了团体一份子的作用。大家都能如此,根本要紧的一点意思就算有了;有了这一点,则团体一定可以坚固,组织一定可以充实,力量可以发生,什么事情就都有办法了。

学众知道如何作村学(或乡学)一份子了;乡村自力露出来,解决乡村问题的主力已经有了;这样就够了吗?这还不够,还要再加上一个副力,主力副力合起来才能解决了乡村问题。那么,这个副力是什么呢?这便是我们的教员。底下就接着来讲教员的作用。

教员的作用

一说到教员的作用,我们第一想到的就是教书;但这只是说的普通学校的教员，我们村学乡学的教员就不能单以教书为足，且不能单以教校内学生为足。他应当以阖村人众为教育对象；而尤以推进社会工作为主。我们在《村学乡学须知》中曾说到这个意思："村学乡学的教育是广义的；教员的责任亦即是广义的教育工夫——村学乡学的教育，本以阖村人众为教育对象，要在推进社会为主，而亦将通常学校教育归包在内。故教员责任不以教书为足，且不以能教校内学生为足。"那么，他到底应干些什么呢？"1.应时常与村众接头，作随意之亲切谈话，随地尽其教育工夫。2.应注重实际社会活动，向着一个预定目标进行（此目标或为村学公议要进行之一项社会改良运动，或一项社会建设事业，或教员自己心中想作之事亦可）。3.更要紧的是吸引阖村人众喜于来村学内聚谈。"为什么说："吸引阖村人众喜于来村学聚谈"是更要紧的呢？因为：我们不是说过吗？我们认为乡村问题非靠乡下人齐心合作不能解决；而现在的乡下人，虽然是普遍的同样的感受到问题的压迫，问题已加在每个乡下人的身上，使他们同在问题中；可是，他们自己尚缺乏一个同在问题中的自觉，尚没有一个齐心合作的要求，他们尚没有看出这个路子。如在《村学乡学须知》中所说："盖今日天灾人祸，国际的经济压迫，国内的政治压迫，固无不加于乡村人之身；而在乡村人则尚缺乏一种起来想办法之自觉。"所以现在顶要紧的就是如何让他能有自觉，发生合作要求。因此"吸收阖村人众喜于来村学聚谈"，便是教员顶要紧的责任，急应尽的作用了。亦因此所以我们说："如能将村学作成村众有事无事相聚会的地方，此教员即算有头一步的成功。"我们在《乡农学校的办法及其意义》中也曾说到这个意思：

"……在一乡村社会中,他们的乡村领袖不一定常常见面。就是彼与此此与彼常常见面,也不一定是大家聚合。就是聚合,也不一定同多数民众一齐聚合。我们办乡农学校的第一个用意,就是使乡村领袖与民众因此多有聚合的机会。在平常的时候,没有聚合的机会,有什么困难的问题,只是心里苦闷,各自在家里为难叹气。现在聚合了,就可将他们共同困难问题拿出来互相讨论,相向而叹气。自然就可以促他们认识他们共同的不幸命运,促他们自觉必须大家合力来解决。如匪患、兵祸、天旱、时疫、粮贱、捐重、烟赌等盛行,见面的时候,最易谈到。谈到以后,自然就要设法解决;因此或许就能发生大作用。假使他们不十分聚合时,我们的教员(乡村运动者)要设法从中作吸引的工夫,撮合的工夫,使他们聚合。……"

不过,许多人聚合到一块,也很容易东拉西扯的谈天;所以我们接着又说:"假使他们虽聚合而谈不到问题上,则我们要提引问题,促使讨论。……"吸引撮合的工夫固然很要紧;提引问题的工夫也很要紧。还有现在乡村有许多不好、不对、不应当的事;可是,习惯既久,大家亦不觉其非,遂相安不改,所谓"习非成是"者。这类的事情很多,如妇女缠足、男孩早婚等问题,一时说之不尽。遇有这类的事,教员就得给他开心窍,就得点醒他,让他自觉其非,自感不安,自己认此事成问题;然后再怂恿他要纠正的劲。这个窍一开,这个劲一有,从前不好不对的事,就可以渐渐地改除了。光改除旧的还不算,更要紧的是发动他进取的心。我们要知道,现在中国因"国际与国内的两重压迫,天灾与人祸的两种摧毁,使得乡村命运,益沉沦而就死。"乡村农民"几丧其乐生之心,无复进取之意",如在《乡农学校的办法及其意义》中所说:"在我们看现在中国的乡村社会,不止是经济破产,精神方面亦同样破产。这是指社会上许多旧信仰观念风尚习惯的动摇摧毁,而新的没有产生树立。以致一般乡民都陷于窘闷无主,意志消沉之中。此其所以然:(一)是因我们文化或社会生活的变化太厉害。农业社会照例是最保守的,尤其是老文化的中国乡村社会有他传之数千年而不变的道理观念。自近百年来与西洋交通以后,因为受国际竞争的打击,世界潮流的影响,乃不能不变。最近二十余年更激烈急剧的变化,或由上层而达下层,如变法维新革命等是;或由沿江沿海而达内地,如一切生活习惯等是;而最后的影响都是达到乡村。他们被迫的随着大家变,却不能了解为何要变,并且亦逐赶不上,但又没有拒绝否认的勇气与判断。失去了社会上的价值判断,是非好歹漫无衡准。即有心人亦且窘闷无主。(二)是几十年来天灾人祸连续不断,他们精神上实在支撑不了。消沉寡趣,几无乐生之心,况复进取之心?此种心理如不能加以转移开导,替他开出一条路来,则一切事业,都没法进行。……"所以我们说"发动他进取的心,是更要紧。"无心进取,是大病;老是守旧不想往新的路上走,是不行的。现在一般老先生仍是怀念四十年前的太平盛世,其不知那是不可再见的了;将来的太平日子,必靠我们的进取求得之。必须在农业上、工业上、教育上、政治上各方面都求进步;社会进步,成功团体,有了组织,太平才能再见。可是,乡下人不明白这个道理,不能够开这个窍。所以现在要紧的就是开他这个窍,打动他进取的心,使他乐生进取,发生公共观念,发生齐心合作的要求。乡下人能够乐生进取,齐心合作,成为有组织的力量了,然后乡村的事情才有办法。

但乡村问题的解决,单是有了乡下人为主力就够了吗?这还不够,单是乡下人还解决不了乡村问题。乡下人对于问题只能直觉地感受到痛苦,而于问题的来源不能了解,不能认识。例如复杂的经济问题,乡下人怎能了解?怎会认识呢?对于问题的解决之道,他更是没有办法了!我们认为乡村问题的解决,第一固然要靠乡下人为主力;第二亦要有:有学问有眼光有新知识方法的人与他合起来。没有第一个条件,固然解决不了问题;没有第二个条件,亦不能解决问题。所以在《乡农学校的办法及其意义》中我们说:"……假使他们虽谈到问题,而想不出解决之道,将付之一叹的时候,我们要指示出一条道路,贡献一个办法,或彼此两相磋商研究出一个办法。……"——在这里我们还须补充几句:我们为什么说"或彼此两相磋商研究出一个办法"呢?因为问题的解决,固然要靠有学问有眼光有新知识方法的人;可是我们要知道新的知识新的方法,不经过一番切磋陶炼是没有用的。虽然乡下人头脑简单,没有办法,自己解决不了自己的问题;而单有我们的新知识方法,也同样的不能解决问题。我们所有的新知识新方法都是从外边学来的,拿到乡村去很多用不上。所以必须两相磋商研究,如此得来的知识方法,才真有用,才真能解决问题。如《乡农学校的办法及其意义》中所说:"……因为单使他们设法,往往没法可设;单是我们出主意,又往往不能切合实际而可行。现在我们要他们合在一气,则想出的办法或能合用也。"现在我们所苦的就在这里:新知识方法在上边,在外边;而实际的问题却在下边,在里边;上下里外不接头,问题就老不得解决了。现在乡村里边诚然是很没办法，很痛苦，很着急；可是，上边的新知识方法也同样的没办法，同样的干着急，用不上去。如果强要去用，则更给乡村添痛苦。如现行地方自治，本为一种好办法，而结果反为乡村所诟病，不就是因为这个原故吗？再如农业上的改良种籽、改良技术等等，都不是站在乡村以外的人可以替乡下人出主意，想办法的。要想真有一个能用得上的方法，必须是经过一番切磋陶炼才能得到。换句话说，一个好方法的产生，必须是由这样得来：一面是对问题顶亲切的乡下人，一面是有新知识方法的有心人，彼此逗合接头，一个以他的亲切经验，一个以他的知识方法，两相磋商讨论，经过这番陶炼，好的方法就有了。这个方法，从其效用上说，因其是新的，一定效用大；从其切合实际问题上说，因其是经过磋商陶炼的，一定行得通。能有这样一个方法，乡村问题才得解决。所以我们在《村学乡学须知》中说："……问题既经提引出来，自随之要商讨办法。办法之得有，大抵必赖三个条件：一大众齐心协力；二教员之知识头脑；三本地人之实际经验。所谓商讨办法，意在商得大家同意，更在以教员之知识头脑与本地人之实际经验交换而切磋。许多事所以不能办，都为乡村人零散不齐心合作；只要齐心合作就有办法。许多事所以不能办或办不好，都为上层知识份子所出的办法不切合实际，而乡村当地人又缺乏知识头脑。双方不接头，始终没办法；双方接头切磋，好办法才能产生。所以商讨是极重要工夫。"

好办法之得，既然赖有这三个条件（一大众齐心协力；二教员之知识头脑；三本地人之实际经验）；那么，我们的教员，能不能代表新知识头脑？换句话说，他有没有充分的新知识方法呢？乡村问题是多方面的，村学乡学的工作是包括得很宽的，不要说农业、工业、经济、教育等许多问题教员包办不了，即就农业一项来说，也分土壤、肥料、种子、病虫害等专门学问；教员哪能会得这许多？教员哪有万能呢？教员既然不能万能，而乡村问题尚不止万端，那么，这将怎么办呢？在我们的安排，对于这个问题也有办法。试看《村学乡学须知》中所说："教员的责任要在使上级机关与下级机关，于问题研究方法供给上成一联锁循环关系。本来在社会改进机关的系统内，上级机关（如县政府研究院）对于下级机关（村学乡学）具有两项作用：一为最高方针之指导，一为后方材料方法之供给。但欲使此后方机关得尽其功，还须教员善于利用。例如后方有农场苗圃（属县政府或研究院），其棉种树苗有待村学乡学来采用；但教员若不能启发农民棉种改良的要求，鼓舞起造林运动，则推广不出去。又如在地方有防疫的必要，在医药机关亦备有防疫方法；但教员若从中耽误，便可致地方瘟疫大起，而好方法亦失其利用。总之一切的材料，或较专门的知识方法等，在教员自己断不能具备。但他如能善于利用后方供给机关，则凡后方所有者悉等于他自己所有，效用岂不伟大。所以教员遇有疑问，或自己办不了的事，应当请教上级机关，向后方讨取办法。教员若能不断以地方种种问题需要向上级请示索求，则上级机关自不能不为种种问题之研究，以为种种方法之供应。（研究院所办不了的还可请教外面更高学术机关）……"这样安排有一个社会改进机关的大系统，教员只要能尽其上下传递之功，则后方的材料方法可以不断的供给；那就不怕乡村问题的复杂繁多，就不怕自己的知识方法不够了。并且这样的安排更有这个好处:上级学术研究机关得到地方上的实际问题来研究,"则在学术研究上自有切实进步,不断向前。社会既得到满足,学术亦因以进步;学术进步,社会更得到满足。"这样辗转相助,联锁循环之作用渐渐开展,学术研究益以进步,社会改进亦日起有功了。关于教员与上级机关联络,以地方种种问题需要向上级索求请示,由后方供给材料方法之意,在《乡农学校的办法及其意义》中也曾说到:"乡农学校不是一个零碎设置的,此乡校与彼乡校是要有联络的;更重要的是乡校之上须有一个大的团体或机关来指导提携他们的进行。这就是说乡校里边的教员(乡村运动者)不是孤单的,他是大的团体分派出去负着使命作新的运动的。——也或者在作乡村运动以后乃与大团体取得联络——如果不这样则他的工作不易进行;就是进行也进行不好。这有两点原因:(一)乡村所遇到的问题是多方面的,而一人不是万能的,如不与大团体取联络为他的后盾,则他一人的能力来不及。所以必须得到后方的帮助,他才可以帮助农民。各地乡校教员,仿佛是出去到前线的士兵,许多材料与方法,都需后方大本营的传递供给;乃至人员的调遣支配,皆需后方有作主脑的总机关才行。(二)如没有此大团体或总机关恐怕他们作推进社会的工夫,没有一定的方向。这个向东,那个向西,乱七八糟,即无效率。必需有总机关高高在上,望着前面确定目标,有计划步骤的指挥着作去,才能应付的得当,而不致散乱走错路向。"这其中第一点原因,也就是现在我们所说的意思。总之,照我们的安排,村学乡学里的教员与上级机关或说是后方大本营是有联络的。有上级机关或后方大本营作最高方针之指导,作材料方法之供给;则不怕乡村问题的多面性,不怕教员本身的知识能力不够了。

教员的作用大概即如上述,现在再附带着说几句关于辅导员的话。照我们的安排,乡学里面又有辅导员。辅导员与教员地位本来不同,教员是村学或乡学聘请的先生,而辅导员则是代表县政府下乡村去的;但他们亦有相同之点,他们多半是外来的人(不是本村或本乡的人),他们多半是在研究院受过训练或讲习的。换句话说,他们都是大的团体(乡村运动团体)分派出去负着使命作新的运动的。他们都负着帮助乡下人的使命。他们得到后方大团体的帮助——材料与方法的供给,然后再用以帮助乡下人。从这一点上说,辅导员与教员的作用是相同的。

讲到这里,我们还要重行点明一句:我们的教员辅导员,只能借后方材料方法的供给去帮助乡下人,断不可就去替乡下人办事。前边已经说过,乡村问题的解决还要靠乡下人自己的力量;我们的教员只是一种副力,主力还是乡下人。单是乡下人固然解决不了问题;单是我们的教员更解决不了问题。必须教员与乡下人合起来,两相磋商,共同想办法,乡村问题才得解决。换句话说,村学乡学的工作之能够进行,主要的还要靠每个学众都为有力地参加。可是,话虽这样说,而实际上村学乡学的事务能让每个学众都来办吗? 决不能如是。公众的事,不能人人都来办,事实上必得交托少数人负责掌理。那么,交托哪些人呢? 在我们的安排,就是交托各该学董会;学董会的学董就是村学或乡学的负责办事人。试看他的作用。

学董的作用

前边我们说过:村学乡学是个团体;既然是个团体,就必得有他自己内部的公共事务与对外关系（如对上级政府的关系等）。那么，村学乡学的公共事务与对外关系，都是由谁负责来办呢？大凡公共的事，决定虽然要由多数人；可是进行的时候，不能公众都去办，势必交托少数人负责掌理。我们这个村学乡学的公共事务便是交托各该学董会；其对外的事（如县政府委办事项）则更是交托常务学董一个人（所谓常务学董就是理事，村学有村理事，乡学有乡理事）。现在我们先来看学董会的组织。在《邹平县村学学董会暂行组织规程》上说："……第三条　本会以学董三人至五人组织之。第四条　村学学董由实验区县政府就本村人士中遴得相当人选，经邀集村众开会谘询同意后，由县政府函聘之。……第六条　本会由全体学董互推常务学董一人常川住会，执行会务；开会时，并担任主席。……"再看《邹平县乡学学董会暂行组织规程》："……第三条　本会之学董，分当然学董与聘任学董——（一）本乡各村村理事及未设村学之各村村长，均为当然学董。（二）本乡人士，资望素孚，热心公益者，经县政府礼聘一人至三人为聘任学董。……第五条　本会由全体学董互推常务学董一人或二人住会，执行会务；开会时，并担任主席。……"《村学学董会暂行组织规程》共十二条，《乡学学董会暂行组织规程》共十一条，我们虽未全引，但从以上各条看来，就可知道各该学董会就是由本村或本乡里边遴选（除乡学学董会的当然学董外）出几个资望素孚有办事能力的人，经县政府礼聘之后来组织的。他的责任就是办理本村或本乡团体的公共事务。换句话说，他们就是负责来办村学或乡学的。所以在《设立乡学村学办法》中说："乡学村学以各该学董会于县政府监督指导下主持办理之。……"各该学董会又由全体学董互推常务学董一人常川住会，执行会务。所谓"执行会务"，都是办些什么事情呢？这在各该学董会暂行组织规程上都曾说到。如《村学学董会暂行组织规程》第七条："本会于左列事项付讨议后，交常务学董执行之：（一）推举本村学学长及聘任教员事项；（二）筹划本村村学经临各费及审定预算、稽核支销款目事项；（三）拟定本村村学一切进行计划事项；（四）倡导本村各项社会改良运动及兴办本村社会建设事业事项；（五）答覆县政府及本乡乡学谘询事项；（六）本村村理事提请本会讨论进行之县政府令饬办理事项；（七）本村村理事提请本会讨论进行之乡学公议办理事项；（八）其他关于本村学务进行及学长提议之事项。"及《乡学学董会暂行组织规程》第六条："本会于左列事项付讨议后，交常务学董执行之：（一）推举本乡学学长及聘任教员事项；（二）筹划本乡乡学经临各费及审定预算、稽核支销款目事项；（三）拟定本乡乡学一切进行计划事项；（四）倡导本乡各项社会改良运动及兴办本乡社会建设事业事项；（五）答覆县政府谘询事项；（六）本乡奉县政府令办事件经乡理事提出本会讨论进行之事项；（七）其他关于本乡学务进行及学长提议之事项。"以上所列各事项都是各该常务学董（村理事与乡理事）所应负的责任。其他各学董又都办些什么事？这在《村学乡学须知》中的《学董须知》中曾说到："学董不但为学众之一，且为乡村领袖，于村学乡学应多负责任。除学众须知者之外，其更须知注意之事约如左：第一、劝学众入学——一村之众皆为村学学生，但一般人多不明此意，或不热心入学。各学董为办学之人（乡学村学第三条：乡学村学以各该学董会于县政府监督指导下主持办理之），第一责任即为劝导大家入学。所谓入学，包有三种：一、送学龄儿童入儿童部（即小学）；二、成年者入成年部，如办有妇女部，亦即劝妇女入学；三、有事集会，无事聚谈，大家都要来。——此末一种，实更重要。第二、注意开会，用心讨论——学董会应按照暂行规程，有应付讨议之事就要开会；开会并应用心讨论。因为事情原规定是几位学董合起来负责，若事情只有一两个人知道，一两个人决定，是不行的。凡该开会不开会，该讨论不讨论，即学董不尽职。第三、凡经决议，即倡导实行。——凡经学董会决议通过实行之事，各学董应首先倡导实行。村中众人向来看领袖行事；领袖果先实行，则事情自然好办。第五、协助理事办事——学董会即是村学（或乡学）的一个办事机关。虽其中一人经县政府委任为理事，算个办事人，其实各学董亦要一样帮同办事。理事忙不过来，可以从学董中再添一位助理。即没有助理名义的，亦应遇事协助，不分彼此。……"《学董须知》共十二条，我们不必全引，从以上各条就可见出：各该学董会即村学或乡学的一个办事机关；各该学董即村学或乡学的办事人。村学乡学遇有事情，各该学董就应开会，用心讨论；不过执行时，是各该常务学董多负责，而各学董亦应协助办理，不分彼此。

在这里还有应当特别申明的一点，就是常务学董（村理事或乡理事）的作用：我们说过，村学乡学是一教育性质的组织，不单是个下级行政机关。那么，关于上级政府（如县政府）委办事项，将怎么办呢？这个时候，我们不敢把上级政府委办的事，就直接交给村学或乡学去办；因为一交到村学或乡学，让村学或乡学接受上级政府的命令,转用强硬性的命令去办事,则把原来的教育性质变坏,变为一个下级行政机关了。所以我们把这种公事,只交给村学或乡学里的一个人——村理事或乡理事,让村理事或乡理事直接与县政府接头,接办县政府委办事项。这样,村学乡学就仍不失为教育性质了。如此说来,我们的村理事,就好像从前的庄长或村长了? 还不尽同。因为我们的村理事,一面是替县政府办公事的人;一面又是村学里的常务学董;他不就是纯粹一个下级行政人员。还有我们的理事,其作用除了以个人资格(以理事名义而不以常务学董名义)与县政府直接接头,让村学或乡学仍不失其为教育性质外,还可以代表乡村,把乡村的情形时时报告政府;代表政府,把政府的政令向乡民解释。换句话说,他还可以沟通上下,减少政府与乡村间的隔阂。如《学董须知》中特为常务学董兼理事者所说的话:"第十、要代表乡村对县政府说话——理事虽是县政府委任的人,但原是地方上人,为地方办事的,所以要代表乡村说话。在县政府委任他之意,亦非单为县政府跑腿,而实是意在与乡村接头好办事。第十一、要善将政府意思转达于众——凡县政府要举办的事,理事应将其意思善为转达说明,以免乡下人误会。这是理事对县政府应尽的责任。如理事本人对这件事有不赞成的意见,可在县地方会议上陈述,或面见县长陈述,不宜勾结乡下人与县政府为难。"理事对于这两条,如果都能作到:一面代表乡村对县政府说话,一面善将政府意思转达于众,则政府与乡村间的隔阂便减少了。这个沟通上下减少隔阂的作用,为功实在不小。因为历来政府好意的替乡村办事,结果往往反害了乡村,其故都在上下隔阂;而今我们有理事这个作用,沟通上下,减少隔阂,以后就可以让乡村少受政府的扰害了。

　　普通一个团体组织,多半只有两面:一团体意思决定的一面;二照着决定去进行的一面。而我们的村学乡学这个组织,如上所述已经有三面了——学众一面;教员一面;学董一面。单有这三面还不够;因为村学乡学这个组织,是为向上学好的,所以就必得更有学长一面的作用。有学长、学董、学众、教员这四面作用,我们的村学乡学这架机器的机件,才算全备,才能运行得好。底下就来讲学长的作用。

学长的作用

　　学长的作用是什么? 我们看这几句话就可以明白了:"乡学村学由各该学董会依该区民众群情所归,推举齿德并茂者一人,经县政府礼聘为各该学学长。学长主持教育,为各该区民众之师长,不负事务责任。"学长的责任,就是主持教育,教训一村或一乡的人,为一村或一乡民众的老师。可是,我们为什么一定要个老师? 为什么特别点明他不负事务责任呢? 这有两点意思:

　　1.要学长有提振众人的作用——村学乡学这个团体不同平常,他是大家为齐心学好向上求进步而组织的。既然是要向上学好,那么,当然是要有个老师了。如果一个团体单是为着办事,则无须有齿德并茂者为师,只要有一个明白、有能干的人就行了。而我们的村学乡学,并不是单为着办事,他是以学为重,以学包含事,把办事包含在向上学好求进步中;所以必须有个老师来时常点醒大家向上学好的心,提振大家向上学好的劲,大家都有了向上学好的精神,整个组织才能运行得好。不然,向上学好的精神提振不起,整个组织的运行也就没劲了。对齿德并茂者尊之为师,实在是个必要。如在《学众须知》中所说:"要知道尊敬学长——村学之中自以学长为最尊;不尊学长,何以为村学?学长为一村之师长;吾人果有恳切向上学好之诚心则自然要尊师。抑非尊师亦无以提起阖村人众向上学好之精神,故尊师为要。"这是我们要设有学长这样一个人的第一个用意,也就是学长应有的第一个作用。那么,学长既负有教训大家提振大家的责任,如果有的人不学好不振作,学长就应加以训饬了。如在《学长须知》中所说:"于村中子弟有不肖者应加督教——学长是要领导众人学好的。凡不学好的人应本爱惜他之心而训饬他。或背地里规劝他,不令人知,以给他留面子。不要等他小恶养成大恶,触犯刑罪,则阖村之不幸矣。"我们一面对学长这样说,指明学长应对大家负责任;一面也在《学众须知》中对学众说这个话:"要接受学长的训饬——学长以其在父老的地位言,众人大都为其子弟;子弟应听亲长的话。更以学长居师位而言,众人都算学生;学生应听师长的话。凡学长对村中众人或哪一个人有训饬教戒的话,众人或那一个人都应接受。"可是,要想众人尊重学长,还须学长自重才行;自己不好,是没法劝人好的。所以《学长须知》中又说:"要知自爱自重——学长是经学董会公同推举而县政府礼聘的,于一村之中(或一乡之中)为最尊。人家都尊敬我,我亟须自爱自重。只有自爱自重的人可以让人家尊敬。若不知自爱自重,人家本来尊敬的,亦要渐渐看不上了。应知身为一村师长，处处要为众人作表率。……"学长自己先能好，能作众人的表率；他时时点醒大家，训饬大家，大家向上学好的劲就提振起来了。

　　2.要学长有调和众人的作用——学长既为一村之师长，一村之尊长，他就应当抚爱后生，调和大众。如在《学长须知》中所说："要抚爱后生调和大众——村中众人皆在子弟学生之列，应加抚爱。村中人为公事常有两方意见不和者，调和之责全在学长。……"不但为公事两方意见不和要学长负责调解；于邻里有不睦者，亦要学长负责调解，勿使成讼。如《设立乡学村学办法》中所说："（十一）村学学长为一村之师长；……于邻里有不睦者应加调解，勿使成讼。……（十二）乡学学长为一乡之师长；……于乡党有不睦者应加调解，勿使成讼。"再如《学长须知》第四条亦说："于邻里有不睦者应加调解——邻里街坊本为旦晚照顾彼此相依之人，犹家有兄弟，身有手足。些小嫌隙亟应消泯。若兴讼到官，结怨益深，不但耗财败家，后此子孙亦难共处。乡村不祥之事莫大于此。同村之人均宜劝戒，而调解之责，尤在学长。……"村众与理事为公事有了不和，调解之责更要靠学长。如《学长须知》第五条所说："要监督理事而调护之——理事为村中（或乡中）办公事的人。大凡公众的事，公众没法都去办，必得交托一人负责掌理。在此公众与负责人之间，很容易有问题争执，或发生流弊。所以遇到公事，大之一国，小之一家，总都不易办好。一面是一人难满众人意；众人每每不晓得局中负责人的难处，而责望太过，挑剔太多。一面是事权在手很容易措置失当，或滥用职权横行霸道，或借公营私。此时为学长的须要监督理事勿使生出弊病；同时还要调护他，勿使众人肆行攻击。怎样监督他呢？例如看他有骄横之处就背地忠告他；看他有阴私之处就赶紧规戒他。怎样调护他呢？事先忠告规戒，不让他闹出乱子来，就是调护他。要默察众人之意，而时常转告之，就是调护他。众人要说的话，先都由学长代为说到，自不致激出众人的话来。如果有人反对他，要设法替他解释，而劝阻反对者。总不要众人与他发生正面冲突。……"为什么这样怕他们正面冲突呢？因为一发生正面冲突，则纠纷便不易解决，将如前面我们所说：团体的事情就没法进行，就要停摆了。所以必须有学长这么一个人，一面代表众人监督理事；一面又要调护理事。总是使大家和好无间，乡村的事情才好办。可是，要想学长能调和众人，必须他自己先与人没有不和才行。若自己先与人闹起意见来，又如何能再调和众人呢？所以《学长须知》第二条即说："……独不许学长与人不和。必须自己与人没有不和的，才能调和众人。"但怎样才能让学长自己与人没有不和呢？这就只有让学长不负事务责任了。学长自己不负责办事，才不致与人发生问题争执，才可以避免与众人冲突。所以学长不负责事务责任，自居超然的地位，实在是个必要。如《学长须知》第六条所说："要明白以上的意思而自处于超然地位——总括以上的意思来说，就是要学长超居众人之上，好来监督众人调和众人。所以他自己不可再负责作事；作事就不免惹人反对，落入问题争执之中，再无人可以出来调和转圜。村学乡学办法上规定:'学长为一村师长,主持教育,不负事务责任';又说:'村自治事务经村学倡导,由理事负责执行,而学长立于监督地位。'其意皆在此。"这些话都是说学长切不可负责作事,自己也落入问题争执中;如果学长也落入问题争执中,则再没有一个人可以出来调和转圜了。这是说村学学长。乡学学长义亦同此;不过他所照顾的范围又更大一点。如《学长须知》第七条:"乡学学长义同于上,其所照顾更在一乡——乡学学长与村学学长同一意义;不过他所照顾的范围更大。他为一乡之师长,教导一乡之众,监督一乡之众,调和一乡之众。他要常与各村学长会面,了解各村情形,帮助各村学长。凡各村不能了结的事,就要到乡学学长面前了。"

讲到这里,就可以把以上的提问解答了。我们为什么不让学长负事务责任呢?就是为的要他站在超然地位,自己不致与人争执,自己与人没有不和,好来调和众人。为什么必须要齿德并茂者来作学长呢?就是为的要他能点醒大家向上学好的心,提振大家向上学好的劲。这便是我们所以要设有学长这样一个人的两点用意;也就是学长应有的两个作用。但这里又很容易让人发问——当我定这个办法的时候就有人这样问我:"你说的怪好!能有这样(齿德并茂者)一位老先生来作大家的师长,当然是不错;可是,这样好的老先生哪里去找呢?"我的回答是:天下事原来是无中生有,有都是从无中来的;现在虽然没有那样好的人,可以暂且对付着——不够十成,就是八九成,六七成,甚而至于五成也行。现在没有,将来村学的风气开了,慢慢地就会有啦!怎么说呢？因为人的好或不好都是活动的，不是死定的，今天他不成，明天也许就成啦！士别三日，便当刮目相待呀！比如说这个人也许偶有被人议论之处；但大体不错，就可以尊他为师。你一尊他，他也得自尊，就不敢再作被人议论之事了。他原是不十分够；可是，一尊他就对付着够了。所以只要你去求，"师"是可以有的。更何况事情不在一人，而全在大家的心理，全在大家能有向上学好的意思；大家都有心向上学好，向上学好成了一种风气，则不待学长的教导，大家都可以自教，自能向上学好。到那时候，也就不单靠学长一人了。因此我们的着重点是要提倡人人向上学好的意思，提倡这种风气；等到向上学好成了风气，乡村的事自然就好办了。

总括以上的话看来，大家就可以明白：我们这个村学乡学的全盘组织，就是由四部份人构成；这四部份人就是四个独立不同的作用；四个作用，缺少一面也不可；缺少一面，这全盘的大机器便运行不灵了。这四个独立不同的作用，还可以各用一个名词来代表他，就是：学众即立法作用；学董即行政作用；学长即监督教训作用；教员即推动设计作用。因此从表面上看我们这个组织也有许多地方与现行地方自治组织相似了。——其实不同，内里的意义很不一样。现在就拿他们来比较一下。

五、村学乡学与现行地方自治组织之不同

在现行地方自治组织中，有个乡民大会（或区民大会），那是一立法作用；有个乡公所（或区公所），那是一行政作用。从表面上看，这与我们的学众学董两个作用也很相似；其实内里的意义则大不同。我们学众的作用虽也是立法,学董的作用虽也是行政;而与乡民大会(或区民大会)及乡公所(或区公所)意义很不一样。说到我们学长的监督教训作用与教员的推动设计作用,更为现行地方自治组织所无(现行地方自治组织中虽也有个监察委员会与调解委员会;而与我们以学长行监督调和作用者〔比〕较,意味完全不同)。底下就分几点来看我们与现行地方自治都是有些什么不同。

村学乡学不提多数表决的话

前边我们曾一再地说:村学乡学要让团体里面的每个份子对团体生活都为有力地参加,要大家商量着办事;可是,我们虽说要大家商量着办事,却认为断不能用多数表决的方式。这便是我们与现行地方自治之不同。立法即团体意思的决定,当然要取决多数;而村学乡学独不用多数表决的方式,这是什么原故呢? 我们曾经说过:一、多数表决与中国尚贤尊师的风气不合;而尚贤尊师为人类社会所必要,故多数表决不能用。二、多数表决是由权利观念来,发挥权利观念则易让人走分争的路;而此刻中国所最需要者为结团体,故多数表决不能用。我们必须发挥情义观念,本着情义关系,大家和和气气商量着办事,团体生活也许可以练习出来;否则一讲权利,各人要求各人的一份权,彼此分争对立,团体生活就永远培养不成了。所以我们在乡学村学办法中,虽然是处处想法子引导大家过团体生活,让大家商量着办事;可是,不敢提多数表决的话,我们只是说:"尊重多数,舍己从人……"。但仍怕固执尊重多数之义,遂又说:"更须顾全少数,彼此牵就……"。我们是要发挥伦理上互以对方为重的精神。

　　按现行地方自治法令所规定：一村的事，必经村民大会正式开会议决才得进行。我们村学里（或乡学里）遇有事情也要学董常常开会，或召集全村（或全乡）人众开会，大家商量着办理。可是，我们对于这种集会，不直名曰村民大会（或乡民大会），不用正式开会的形式。我们只是对学董说："注意开会，用心讨论——学董会应按照暂行规程，有应付讨论之事就要开会；开会时并应用心讨论。……凡该开会不开会，该讨论不讨论，即为学董不尽职。"对常务学董兼理事者说："遇事公开讨论，以求多得人了解与赞助——无论县政府交办事件，或乡学议办事件，或本村照例举办事件，均应提出学董会公开讨论，并应于村学向村众报告，以征众人意见。……"我们只是让学董会遇事开会，公开讨论，并不说多数表决的话；只是让理事于要办什么事情之先向村众报告报告，先向村众说说，并不用正式开会的形式。我们一面对理事这样说；一面也对村众说："开会必到，事事要从心里过一遍——……（全文见前）"，"有何意见即对众说出——……（全文见前）。"这样，理事遇事报告，村众常常来听，事事都听明白了，事事都从心里过一遍，这就算是我们的村民会议。比如理事报告："现在我们要办一件什么事情了！"这个时候，大家听罢，如果没人说话，没有什么不赞成，即等于大家同意通过，就可以接着去进行。如果这件事情对于大家不利，那么，大家都在场，就不由得要说话，话说出之后，就可以引起讨论，讨论的结果假使都说不行，理事也就没法强办；如系政府委办事项，亦只好将众情转达政府，暂请缓办。这样看来，我们这种办法，不也就是一个立法作用的表现？不也就是一个很好的村民会议吗？还有我们不但要理事于事先向村众报告；并且事后仍要向村众报告。如《设立乡学村学办法》第十三条所规定："理事办理政府委任事项及本村自治事务，除应随时在村学报告于村众外，每月应有总报告一次。"所谓随时，就是说：也许在事先，也许在事后，也许正在进行，总要随时报告。但又怕他报告的少，遂规定每月要有总报告一次。随时要报告，每月又有总报告，这样要理事勤于报告有什么意思呢？在我们看这很有意思。这一条轻描淡写的好像很平常；可是，我们自有深的用意。我们让办事人勤于报告，让村众常常来听，听了表示意见，给他一个练习着表示公意的机会，慢慢地作到有力地参加，这就是一个很好的立法作用的表现，就是一个很好的村民会议。总之，我们是不愿意一上来就采取正式开会的形式，不愿意用多数表决的办法。村民会议如此；村学乡学学董会亦都是如此。试看《村学学董会暂行组织规程》上所说："本会于左列事项付讨议后，交常务学董执行之……"；《乡学学董会暂行组织规程》上亦说："本会于左列事项付讨议后，交常务学董执行之……"我们只是说"讨议"，并不说"表决"。我们总是希望大家在情义上对付着过团体生活；常以全体一致之意思表示于外，不使他有裂痕，不使他强压弱。死板的定下服从少数固然说不通；死板的定下服从多数亦不合适。所以我们都不敢定，总是让大家在情义上对付着商量着办事，彼此牵就，互相让步。有时你牵就他，有时他还要牵就你，总要养成一种合作商量的风气，养成一种彼此相让的礼俗。这样像是太无凭准，但若一从外面求个凭准，便落在法律上，落在法律上便死板，死板便不能讲情义，便不是礼俗生活了。而在中国乡村社会中，大概是要走情义的路、走礼俗的路才行。

村学乡学不提自由权的话

我们认为站在团体的立场来说,是应当尊重个人的;可是,个人自己却不能说:"团体非尊重我不可","团体决不能干涉我"。这样说法,落到"个人本位""权利观念",就不合适了,就与中国的伦理道理不合了。不但与伦理的道理不合,尤其是不合此刻中国的实在情形。怎么说呢?因为如果把自由当做权来讲,则乡村有许多事情都不能办了。例如妇女缠足,是一种很不好的风俗,必须劝她放,不放就应当干涉她;可是,她如果把自由权一讲说:"脚长在我身上,我缠我的脚,缠大缠小,并不妨碍团体的事,你问不着!"这不是就没有办法了吗?这样把自由当做一种权来讲,岂不是乡间有许多事情都不能办了吗?可是我们认为现在乡间有许多事情不能不办,有许多地方须要改革,须要进步;所以有许多地方还不能一听个人的自由,不能不干涉个人。不过这种干涉个人,并不是抹杀个人的自由,而是对于自由另有一种新讲法。前边我们已经说过:现在西洋对于自由的解释亦已转变,认为国家所以承认个人自由,是为的让个人好,让个人能充分地发展他的个性,所以如果个人不努力向上,反自甘堕落残害自己,则国家仍要干涉他。现在中国也正好这样讲法。换句话说,公家干涉个人,不是从法律的意思来,而是从教育的意思来;所以干涉你,不是因你犯法,而是为的让你好,为的帮你的忙。例如戒吃烟,戒缠足,不看成是以法律办你,而看成是教育你的意思。从个人自己说,则是放在道德上看,是为的自己要向上学好;要学好,就有的地方须请教于人,须受人指导;人家指导自己,不能看成是自己受干涉。现在我们就是从这两个意思(教育、道德)来干涉个人:从教育的意思,所以在《乡学村学办法》上说:"(十一)村学学长为一村之师长;于村中子弟有不肖者应加督教,勿使陷于咎戾……(二十)乡学学长为一乡之师长;于乡中子弟有不肖者应加督教,勿使陷于咎戾……"《学长须知》中亦说:"于村中子弟有不肖者应加督教——……(全文见前)"。这都是说学长负有教育村中(或乡中)子弟之责,对于村中(或乡中)子弟,应当本着教育他的意思来管教他,本着爱惜他的意思来训饬他;看他在道德上稍微有点不对,就应当及早督教他,或背地规劝他。不要等他小恶养成大恶,陷于咎戾,触犯刑罪。从道德的意思,所以在《学众须知》中则说:"要接受学长的训饬——学长以其在父老的地位言,众人大都为其子弟;子弟应听亲长的话。更以学长居师位而言,众人都算学生;学生应听师长的话。凡学长对村中众人或那一个人有训饬教戒的话,众人或那一个人皆应接受。"学长是领导众人学好的,众人应当本着向上学好的意思,接受学长的训饬教戒;不要把这种训饬教戒看成是干涉自己,而应认为是教导自己学好的意思就对了。总之,我们是想慢慢地养成一种管教的风气;不愿意在法律上死板的定下一准干涉或一准自由。换句话说,我们是要把自由或干涉放在教育的意思上,放在道德的意思上;不把他看成是法律问题。

村学乡学不用无情义的办法

我们要知道:现行地方自治组织是完全按照西洋政治的原理原则(西洋政治的原理原则即牵掣与均衡之势,此理后详)来安排的;其运用之道,亦完全是借对立分争之势,一切由法律解决,用强硬手段相对待。这在我们看来未免太无情义了。试看《修正乡镇自治施行法》第四十一条规定：

> 乡镇居民有左列情事时，乡长或镇长得分别轻重缓急
> 报由县政府或区分所处理之：
>
> 一、违犯现行法令者；
>
> 二、违抗县区命令者；
>
> 三、违犯镇自治公约或一切决议案者；
>
> 四、触犯刑法或与刑法性质相同之特别法者。
>
> 有前项第四款情事，乡长或镇长得先行拘禁之；除分别
> 呈报区公所及县政府外，并应即函送该管司法机关核办。

拿他这个规定与我们的办法（如前边所引的《设立乡学村学办法》第十一条及第二十条等）来比较，就可以看出他这种办法太缺乏情义，太缺乏彼此爱惜之意了。照他的规定，乡镇居民犯了上列四款情事之一，乡镇长就可以把他如何如何（有的乡镇长自己就可以治他罪，有的乡镇长自己办不了便送区公所或县政府等）。你犯了错，即送官去办；送官之后，是打是罚，我一概不管。这是多么无情无义的办法呀！论理乡长即一乡之尊长，对于乡镇居民应加爱惜，看他有不对处应及早规劝他，不要等他犯了法再治之以罪，所谓"一村学学长为一村之师长；于村中子弟有不肖者应加督教。勿使陷于咎戾……""乡学学长为一乡之师长；于乡中子弟有不肖者应加督教，勿使陷于咎戾……"这样才是尊长的责任，才是尊长爱惜子弟之道。本来一乡一村即等于一家，一家之中彼此应当有情有义，乡党邻里之间也是一样，不能用强硬性的法律解决的办法；一用法律则有伤情义了。中国人尤其是乡

下人情义特别重,对这种有伤情义的办法如何能受得了? 所以我们就不得不把他变了,把原来用法律的我们改用德教,不用法律解决而用教育的意思,从教他向上学好爱惜他的意思来规劝他。如《村学乡学须知》中所说:"学长是要领导众人学好的。凡不学好的人应本爱惜他之心而训饬他。或背地里规劝他,不令人知,以给他留面子。不要等他小恶养成大恶! 触犯刑罪……"这样就对了。

在现行地方自治组织中,不但乡长对乡民是无情义;乡民对乡长亦同样的是用强硬无情的办法对付他。例如在他的组织中有一个监察委员会,这个监委会的作用就是来监察乡长的;乡长有了毛病,监委会便可向乡民大会检举他,如果乡民都说乡长不好,便可以把他罢免了——四权中有个罢免权,那就是预备着如果乡长违法失职时,便可以开会罢免他。"你不好,罢免你!"这种手段是多么无情呀! 中国人最爱面子,这种办法他如何能受得了呢? 尤其是位居乡村领袖的乡长,本来在乡间是较有体面的人,一旦被大家罢免,这未免让他太难堪了! 可是,我们不用这种强硬无情的办法,又用什么办法呢? 我们不能保证乡长准不出毛病呀! 因为"事权在手很容易措置失当,或滥用职权横行霸道,或借公营私";这些毛病都是在所难免的。那么,乡长出了毛病又怎么办呢? 本来在西洋政治中有所谓"牵掣与均衡"的原理,中国现行地方自治组织也就是按这个原理来订定的。例如这边有个乡公所,那边就有个监委会;乡公所是个行政机关,监委会即一监察机关。彼此对立牵掣,互相抵制。其意即想借此得到一个均衡,让乡长少出毛病。但彼此对立牵掣,互相抵制,乡长与乡民互有制裁力（乡长可以逮捕拘禁乡民；乡民亦可以开会罢免乡长），互以强硬的手段相对待，这实在是太无情义了，中国人决受不了。我们深知中国人受不了，所以不敢用这种办法。在我们就是要这样办：把监督的责任放在学长身上，如《村学乡学须知》中所说："照乡学村学办法的规定，学长是正监督理事的人。……照现在各处地方自治，对于乡镇长都有监察委员会监察他；我们不设监察委员会，但其事则交给学长了。"我们把这个事情又转了一个弯，把监督理事的责任转到学长身上；不设监察委员会，而让学长以师长亲长的地位本爱惜他的意思来监督他。又如《学长须知》中所说："……为学长的须要监督理事勿使生出弊病；同时还要调护他，勿使众人肆行攻击。怎样监督他呢？例如看他有骄横之处就背地忠告他；看他有阴私之处就赶紧规戒他。怎样调护他呢？事先忠告规戒，不让他闹出乱子来，就是调护他。要默察众人之意，而时常转告之，就是调护他。众人要说的话，先都由学长代为说到，自不致激出众人的话来。如果有人反对他。要设法替他解释，而劝阻反对者。总不要众人与他发生正面冲突。到必不可调停之时，即劝理事辞职，或速谒县长报告，以便撤换。"这处处都是爱惜他的意思，对他总不忍用强硬无情的办法。学长对理事如此，学众亦应有爱惜理事之意。故《学众须知》中说："要知道爱惜理事——何谓爱惜理事？就是要监督他。'君子爱人以德，小人爱人以姑息'；监督他，勿使他陷于不义，正为爱人之道。凡有劝谏的话，无妨以友谊进一言。……"但只可以友谊劝谏，对他切不可存挑剔反对之意。如《学众须知》第十二条所说："要知道信任理事——理事为我们一村办事的人；既要他为我们办事,便应当信任他,不可存挑剔反对之意。他办事若有疏忽错失应原谅他。……凡可以替他省事之处即替他省事。"总应存着一个爱惜他的意思。若真是看他有不对了,亦不要与他正面冲突;最好有话对学长先说,由学长转告他。这样转一个弯,让学长来负规劝的责任,就可以避免强硬无情的办法了。

　　现行地方自治组织中又有个调解委员会,其用意亦不错,是想让乡下人少打官司;可是,若真真按自治法令所规定者来组织,按手续来办事,则不但不能调解纠纷,反让纠纷更多了。这是什么原故呢? 就是因为这个调解委员会的办法与中国乡村不合,他仍是走法律解决的道,他虽不是个正式法庭,而按他条文所定亦是要按法律手续办事,与法庭仍是一气,不啻为法庭的下一级;但中国乡村的事却断不能用法律解决的办法,必须准情夺理,以情义为主,方能和众息争;若强用法律解决,则不但不能够调解纠纷,反更让纠纷易起。所以我们不设调解委员会,而把这个责任也归在学长身上,让学长来负调和众人之责——这个意思在前边讲"学长的作用"一节中已说过,如"村学学长为一村之师长;……于邻里有不睦者应加调解,勿使成讼","乡学学长为一乡之师长;……于乡党有不睦者应加调解,勿使成讼","……而调解之责,尤在学长。……总期村内自了,不必到官"等话。我们也是不愿意乡下人打官司;但我们不愿用调解委员会的办法,我们是要学长来负责调解纠纷,一面用道理责勉,一面用情感调和。可是,这个责任学长怎样才能作到呢? 第一必须如前边所说:"独不许学长与人不和。必须自己与人没有不和的,才能调和众人。"第二必须如《学长须知》中所说:"主张公道,偏私不讲理之人必折之以正义。"这第二点换句话说就是：学长必须准情夺理，按情理来评判是非才行。准情夺理，以情义为主，不囿于法律条文，这才是乡村和众息争之道。

总之，在村学乡学这种乡村组织中，没有监察委员会，亦没有调解委员会；我们把这两项事情都归于学长来负责，让学长来尽监督理事、调和大众的作用。我们为什么要这样安排呢？要紧的一点用意就是：在我们的团体（村学乡学的团体）中，遇有问题发生，不愿意用法律解决的办法，必须彼此有情有义相对待。我们解决纠纷，是要以情义为主，不囿于法律条文。换句话说，我们是要以代表情理的学长来监督教训大众，把法律问题放在德教范围内，这样就对了。这便是我们与现行地方自治组织的一个大不同。

村学乡学中推动设计作用之必要

"推动""设计"这是我所想出来的两个名词，别人听了或者觉得很新鲜，看不出是什么意思来；但在我想这是村学乡学中很必要的作用，是中国此刻的乡村组织中所必不可少的东西。我们要知道：中国此刻不是一个平常时候，乃一文化大转变社会大改造时期，此刻的社会，尤其是内地乡村社会，须要赶快进步，更应是有方向的进步。但怎样才能作到呢？这就有待于推动与设计了。本来往前进这件事是很天然的，是谁都会的，人都是活的，哪个地方好，哪个地方合适，他自会往那里奔，他自会往好处进，论理可以听他自进，用不着你去推动，不要你格外用力；可是，我们说过：此刻乡下人因为国际与国内的两重压迫，天灾与人祸的两种摧毁，已陷于窘闷无主意志消沉之中，几丧其乐生之心，无复进取之意，对这种心理如果不能加以转移开导，则他决不会自进。

更兼农民素有因循、苟安、模糊、迟缓等习惯,对于许多重要的事都不知注意,不知改良。例如前边一再举过的缠足、早婚、酗酒、赌博、吸食毒品、不讲卫生等恶习,如果没人提醒他,警告他,催他去改,则永无改除之一日。所以推动他进步实在是个必要。但是单把乡下人推动就够了吗? 这还不够,还要代为设计。因为有许多事情,如谷贱、天旱、兵灾、匪患等问题,你对他说:"这件事情如何要紧呀!"往往他虽承认了,注意了,而终于想不出办法来。此由问题太大,乡下人脑筋简单知浅〔识〕短浅,实无从了解认识其来源而发见一个解决之道。所以我们还必须替他想办法。换句话说,就是还须要领导他;领导他为有方向的进步更是必要。——以上两点意思,在讲"教员的作用"一节中都曾讲过。在《乡农学校的办法及其意义》中亦曾说到:"……我们一向认为此刻中国顶要紧的问题,是如何使社会进步的问题。并且要注意,此进步必须为有方向的向前进。原来人是活的,社会亦是活的,自能进步的,无待你推他而后进。但是中国的全社会,此刻是陷于矛盾扰乱之中;再就基本的乡村社会说,又是入于沉滞不动枯窘就死的地步;所以不是摧残进步、妨碍进步的,便是疲顽不进的。此时非认明白一合适方向把定往前作,不能宁息纷乱;非作推动工夫领导工夫,将必不能进步。……"总之,一切事情都要如此:从对人的提醒上说,谓之推动;从替他想办法上说,谓之设计。推动设计,实在是村学乡学中必不可少的作用。

可是,这种作用也只能在村学乡学中才能有;因为我们开头即点明在村学乡学这个组织中,大家是要"齐心学好向上求进步"的;要向上学好求进步,才肯接受别人的领导,推动设计的机关才有用。如其不然,在自治组织中安上这么一个作用,一定要陷于一种矛盾:一面让他自治,事事要他自己去办;一面又要推动他领导他,事事都要干涉督迫他。这不是矛盾冲突了吗?但我们讲推动设计,也不是不讲自治,原所为设立村学乡学之意,即在促成自治。如《村学乡学须知》中所说:"村学乡学应处处着眼为地方自治团体之完成——原所为设立村学乡学之意,即在促成自治。是以村学之组织隐然即一村之自治组织,村学之工作(尤其是乙项社会改良运动社会建设事业的工作)实即一村之自治工作。乡学之组织隐然即一乡之自治组织;乡学之工作实即一乡之自治工作。……"我们也是处处着眼促成地方自治。不过,我们不把自治呆板的死讲,是把他讲活了。团体的事,不一定要正式开会多数表决才算自治;只要是有眼光有知识有头脑的人提醒大家,替大家想出办法,大家都想一想以为不错,都同意承认了,然后再去办,这便算是自治。换句话说,只要能极力启发地方人的自力,让他对团体的事都关切过问,对团体生活都能为有力地参加,这便算是自治。更明白点说,就是:只要多数份子不是好歹不管,完全听受上边的支配,就算自治。总之,我们认为被动固然不对,而在主动中接受别人的领导则①未始不对。在人类社会中,一般人是应受贤者智者领导的。——此意前边已讲过,这里不再多说,只说这么几句话:以上我们说此刻中国是一个文化大转变社会大改造时期,在此时期中推动设计作用是个必要;这也就等于说:此刻需要推动设计的作用乃一变例。那么,将来社会进步、

---

① "则"原作"亦",据文义改。——本版责编

多数人程度增高之后,是不是不要这个变例而恢复常态呢? 换句话说,是不是取消这个推动设计作用而全听多数乡民自己表决呢? 照我看大概不能如此。现在我们设有这个作用,仿佛是个变例;而此变例亦很合常理,他始终是要如此的。这是因为知识学问这个东西,天然是多数人不如少数人,天然不能普遍齐一(知识学问越进步,越专门化;越专门化,越不能普遍);故人类在知识上讲,在生活方法上讲,都要常常受教于人,受人领导。也可以这样说:理性越发达,文化越进步的社会,越应当尊重学术尊重专门知识;这恐怕是一个永远的必要。所以团体的事,应由有专门知识学问有头脑眼光的人来领导大家,常常提醒大家,替大家出主意,等大家了解承认之后再去作,这实在是一个最好的、最理想的、最富于理性的社会(理性社会天然要尊重贤者智者,受他的领导);不然,多数无知识的人妄自作主,那才真是无理性的社会哩!

六、村学乡学的功用

从以上村学乡学与现行地方自治组织之比较,我们更可以见出村学乡学这个组织是一最完善、最妥当、最合中国实情的组织;从此做去,他能够尽其改进社会之功,让中国社会继续不断地往前长进,让中国完成一个没有缺欠的文化。前边我们说过,此刻中国有两大缺欠:一即团体生活;二即科学上的知识技能。故此刻中国人讲求组织时有应特别注意的两点:一让团体里面的每个份子对团体生活都为有力地参加,渐以养成团体组织;二让内地乡村社会与外面世界相交通,借以引进科学技术。现在村学乡学这个组织对于这两点就顶合适,他顶能做到这两点。底下分开来讲。

（一）能使内地乡村社会与外面世界相交通借以引进科学技术

对于这一点,用村学乡学的办法顶合适,别样的组织便不容易做到;我们不用远说外国,即就国内看,除了村学乡学的组织办法之外,无论南北何处的乡村组织以及政府所规定的乡村组织（即指现行地方自治组织）,都没有照顾到这一点,都缺短吸收外面新知识方法的意思。而在村学乡学则一上来即提醒点明:在这个组织中大家是要"齐心学好向上求进步"的;点明这个意思,则能开出一个口儿来与外面相交通,吸收外面的新知识方法了。这个吸收外面新知识方法的意思,我们开头即提醒点明;不但点明,并且有办法。我们的办法是怎样呢? 试看《设立乡学村学办法》中所说:"村学受县政府及乡学之指导、辅助……"我们所以要村学受乡学及县政府之辅助、指导,就是为的要他能与外面通气;村学向上通气,连到乡学;乡学再向上通气,连到县政府;县政府再向上通,就通到研究院;研究院是一全省训练人才研究学术的机关,他包括得更宽,可以通到全国各地的学术团体机关,又可以通到国外的各学术团体机关。这样从小处与大处通,从内地与外面通,一步步通上去,村学就可以与外面大世界相交通了。再看《邹平县政府建设实验区计划》丙项社会改进机关之设置实验:"(一)本实验计划既集中力量于推进社会之工作,则自县政府以次固悉为社会改进之机关。于此其间,以所有改进事项之繁,则不能不分门别类,各置机关有其横的组织;又以一县面积之大,户口之多,则不能不划若干大区,更分若干小区,各置机关,上有统属,下有责成,而有其纵的组织。除上级横的组织之机关属于县行政组织,详见甲项计划外;其纵的组织之下级机关,即因乙项计划中所划编之乡村若干大小区域而分别设立之。是即乡学村学是。此项机关之设置,既因其地方原有之社会形势,又即以其地方社会中人为组织主体,居于推进社会之最前线而实施其推进社会之功,特称为社会改进机关。"这一段的意思就是说:村学乡学的设置,因为他是"因其地方原有之社会形势,又即以其地方社会中人为组织主体,居于推进社会之最前线而实施其推进社会之功",所以"特称为社会改进机关";可是,社会改进的机关,不单是村学乡学,"自县政府以次固悉为社会改进之机关",县政府以下各机关通统是来推进社会的。例如县政府内各科,虽是不直接推进社会;但他实在是间接地作工夫,他是村学乡学的后方,村学乡学的后盾,村学乡学所需要的材料方法,多半要靠他来帮助供给。这样由村学到乡学,由乡学到县政府,有其纵的组织;由县政府再到研究院,一步步通上去,就可以与外面世界相交通了。若问:所谓"……有其横的组织"这句话怎么讲呢? 这是因为一县的社会改良运动社会建设事业不止一端,如风俗习惯的改良,乡村自卫、乡村卫生、合作社、庄仓、金融流通处等等的设办,改良棉种等农业问题,轧棉纺织等工业问题,应该指导的事情实在很多;事项既然繁多,就不能不"分门别类,各置机关",不能不分科分股,各管其事。如县政府里面有一、二、三、四、五各科,就是各有专责的横的组织。总之,我们这套社会改进的机关,横着看是"分门别类,各置机关,有其横的组织";纵着看是"上有统属,下有责成,而有其纵的组织。"——由村学到乡学,由乡学到县政府,由县政府再到研究院;后方有这么一个最高机关来指导、辅助,供给方法材料,这套社会改进的机关,才真能尽其改进社会之功。所以若问:我们为什么要这样内外相通上下相连? 分开来说,就是这两点意思:

1.要想内地乡村社会得到外面新知识方法的帮助必须内外相通上下相连——前边我们说过:乡村的事,乡下人自己办不了;乡村问题的解决,虽然要靠乡下人为主力,而因为他知识短浅,对于问题没有办法,故必靠有外面新知识方法的帮助,问题才能得到解决。但怎样才能得到外面的帮助呢? 这就是靠村学能作一个上下通气的媒介,内外交通的桥梁;有这么一个村学与外面通气,新知识方法才能吸引进来。村学乡学又怎么能与外面通气呢? 这是因为村学里的教员是从后方最高机关派下来的(这里要声明一句:村学教员不一定必是外边人,本地人也行;但他必须与外面联合,与上边机关联成一条线。否则便不能发生他应有的作用),他就是代表新知识方法的,由他与外面沟通,新知识方法就可以不断地输送进来了。——以上这些意思,前边都已讲得很详细,这里不再多说了。

2.要想学术机关得到本地实际问题作研究,使学术有真进步,于社会为有用,必须内外相通上下相连——我们近几十年来,虽然极力想引进西洋的科学技术,但为什么老引进不来呢? 这就是因为过去盖徒作空的学理上的探讨,而不能在实际问题上研究;尤其是单研究外国的学理,而未能研究本地的实际问题。所以讲来讲去与实际问题都不发生关系,学术上不能有真进步(仅能摹仿传习,没有创造;没有创造,就非真进步)。从学术本身说是没有真进步;从社会方面说,学术与社会不发生关系,便是无用。那么,这将如何救正呢?这也要靠村学与外面通气,靠内外相通上下相连。如《村学乡学须知》中所说:"教员若能不断以地方种种问题需要向上级请示索求,则上级机关自不能不为种种问题之研究……"教员不断地把地方实际问题送达上级机关,上级机关根据实际问题作研究,这样研究才不落空,才有真进步。"……如是则在学术研究上自有切实进步,不断地向前。"学术进步,研究出来的办法都是有用的,社会亦就得到满足;"社会既得到满足,学术亦因以进步;学术进步,社会更得到满足。"如是则此联锁循环之作用自开展无已,这实在是内外相通上下相连的一个顶大的好处。——此意前边亦曾说到。

村学乡学的好处,就在使内地乡村与外面世界相通,使下边社会实际问题与上边学术研究机关相连;内外相通,上下相连,学术研究才能有用,新知识方法才能引进来。前边我们不是说过吗?现在中国虽然是顶缺乏科学上的知识方法,顶需要补充知识方法;可是,我们不能就把外国的知识方法整套的往家搬。我们曾举农业作例,说我们不能就把外国的农业方法整套的搬进来,只能借人家的作参考,就着自己原有的农业加以改良(改良才是搬方法的最好的方法,直接搬方法是搬不来的)。所以我们说:与其派留学生到外国去学农业,倒不如在国内设立农业试验场;有了试验场,再派留学生才有用。可是,单设试验场就够了吗？试验场也不过是个研究改良的机关,研究改良之后,不能推广也是白搭。所以我们又说:若没有乡村组织,单设农业试验场无用;试验场研究改良出来的方法,必靠乡村组织帮他推广介绍才行。所谓乡村组织,就是现在的村学乡学;必靠村学乡学,新知识方法才能输送进来。——这是以上所说的第一点意思。再就第二点意思来申论:试验场要作研究改良的工作,也总得先知道本地农业上有什么问题才好据以研究。如改良碱地,他得先知道这里是什么碱地;改良肥料,他得先知道我们原用的肥料有什么缺点;改良种籽、改良种棉等等,都要先知道本地农业的状况。知道了自己原来的缺点,才好据以研究改良进步。关于这一点,也是要靠乡村组织来帮忙。而村学乡学这个组织,他就顶能够给试验场作一个有力的帮助;村学乡学可以把地方上的实际问题送达试验场。例如要想改良土壤,即可由村学乡学把本地的土壤包一包送给试验场,请他化验分析,看有没有碱性?碱的成分轻重？然后再研究怎样改良？他如改良种籽、改良肥料、治病虫害等等,都要靠村学乡学帮助外面或上级学术研究机关,使他清楚本地实际问题,才好进行他的研究工作。并且研究改良出来的方法,也好借村学乡学输送下来,使上级学术研究机关所有的好方法见之实用,对社会发生实际作用。——这是就上级学术研究机关一面说;若就乡村一面说,便是内地乡村社会能够得到外面新知识的帮助,这又属于第一点意思了。

总之,问题上达,方法下达,这便是村学乡学的一个顶大好处;不然,若没有村学乡学这个组织使内外相通上下相连,则我们的要求都不容易达到了。如此刻中央在南京设有农业试验所,请了许多外国顾问，许多农业专家；但是如果没有一个下层组织替他作上下传递的工作，那些专家顾问又怎能施展他们的本事呢？他们想了解各地农业上的问题情形很不容易，派专员去考察吧？哪能考察得周到！全国两千多县，三十多万乡村，如何能把各地的情形弄明白？再则就让研究出改良的办法来，不能推广，也是等于没有研究呀！所以必须靠村学乡学这个下层组织，使内地乡村社会与外面世界通气，能通气就成了。——村学通乡学，乡学通县政府，县政府通研究院，研究院通中央农业试验所，中央农业试验所还可以再通外国，这样就成了。农业如此，别的事亦如此；通统要内外相通上下相连。村学乡学就顶能够做到这一点。

（二）能使团体里面的每个份子对团体生活都为有力地参加渐以养成团体组织

由上所述，我们知道村学乡学这个组织，其功用很重要；可是，我们想要他能尽此功用，必须组织的本身先能做的好。换句话说，必须团体里面的每个份子对团体生活都能渐（注意渐字）为有力地参加。能够做到这一点，团体才能有生机有活气；有生机有活气，才能吸收外面的养料，引进外面的新知识方法。团体靠什么？单说“团体”一词是空的，团体全靠一个一个的人；一个一个的人不能有力地参加固体生活，只是少数人在那里操纵把持，借着公家（一村或一乡）名义做事，多数人都不关切过问，团体就空了；一空，就没有了生机活气；没有生机活气，就不能与外面交通；就是外面输送来新知识方法，也不能接受，也不能吸收了。好比一棵植物，必须他本身是活的，有生机有活气，然后才能吸收外面的养料（阳光、肥料、水分等）；能够吸收养料，才能生发滋长。不然一块死木头植在地里,虽有充分的养料,他也不能吸收。所以乡村组织,必须内部有生气;换句话说,乡村的事,真真是大家的事,不是一两个人的事,大家都高高兴兴地热心参加,这样组织就活了;组织活了,外面的新知识方法才能输送进来;他自己也才能吸收。不然,如现行地方自治中的乡公所,要想借他引进外面的新知识方法便大不易。因为从表面上看,他这套组织,虽也是乡公所上连区公所,区公所上连县政府,县政府上连省政府,省政府上连中央;中央下命令给省政府,省政府转县政府,县政府转区公所,区公所再转给乡公所;这一套也是节节相连,也是连成一条线,好像也能与外面相交通;可是事实上他为什么不能呢? 就是因为乡公所区公所并不是一个真正的乡村组织,他只是从外面安上去的一个机关,乡下人并没有为有力地参加这个团体生活,只是一两个人在里面照顾着办点公事而已;这样的组织,乃是空的假的,没有生机活气,所以他不能吸收外面的新知识方法。那么,我们看村学乡学这套组织,能不能让里面的每个份子对乡村的事情都渐为有力地参加呢? 我们可以回答说:"是能的。"不过,在这里大家要注意这个"渐"字;我们虽然是轻轻地下了这个"渐"字,可是,意义却很重要。我们可以说:村学乡学的办法与其他乡村组织(现行地方自治组织等)的不同处,就在这一点,就在我们着重"渐"字。若问我们为什么要着重这个"渐"字呢? 这有两层意思:

  1.中国人过团体生活尚须学习——开头已经说过:我们深深地看清楚中国人不会过团体生活,缺乏纪律习惯,没有组织能力;所以我们中国此刻最需要的第一点就是"培养组

织能力,实现团体生活"。可是,组织能力怎样培养? 团体
生活怎样实现呢? 在我看,这就得慢慢地做到。换句话说,
就得慢慢地养成习惯。说到习惯,实在是顶要紧的一件事;
人的生活,无事不靠习惯。例如小孩子走路,就是慢慢习惯
成的;他原先只会爬,不会走;从不会走到了会走,会走就是
习惯养成了。再如小孩拿筷子,也是靠习惯;他原先本来不
会拿(**拿筷子不是个容易的事,不但小孩子不会拿,外国人
就很不会拿筷子**),要想会拿,必须慢慢地养成习惯。拿笔
写字也是一样,一上来很不容易;等到习惯熟了,才能写得
好,写得快,运用自如(**老粗军人拿笔比拿枪都费事,即因他
没有习惯**)。骑脚踏车也是同样的道理,必须养成习惯;没
有习惯,一上去就要跌下来。总之,人的生活,无事不靠习
惯;对团体生活,如果没有习惯,一定过不好,亦如骑脚踏车
一样,没有习惯一定要跌下来。所以现在中国人对于团体生
活尚须慢慢地学习着来过,慢慢地学习着有组织能力。在这
个入手学习的时候,不能马上就有一个正式团体组织;所以
一上来我们只办村学乡学,而并不马上成立一个正式的自治
组织,就是因为这个原故。如《邹平县政建设实验区计划》
第四条所说:"乡村各自治区划确定后,现在且不成立其正
式自治组织。所有各该乡村自治事务,参照本计划大纲丙项
社会改进之实验计划,以各该乡学村学因应机宜试为进行
之。期于从事实上逐渐发展其地方团体生活,养成其公民组
织能力。而后其自治组织自然形成出现,国家乃从而正式承
认之,著为法规。"我们是等事实上地方团体生活,公民组织

能力已经逐渐发展养成,大家已经养成习惯,事实上已经做到;然后国家乃从而正式承认之,照已有的习惯著为法规。这样,才是真的团体。不然,如现行地方自治的办法:先定出自治法规来让人民照法规去组织,说:"你们去自治吧!"他们(乡下人)素无这种习惯,怎能做得好呢? 总之一句话:我们是先让他养成习惯,然后再把习惯写在条文上;不是把条文写在法规上就算完事。换句话说,我们是先有习惯,后有条文;而他们则是没有习惯,只有条文。这个不同很大。在《村学乡学须知》开头也曾说:"……这村学乡学意在组织乡村,却不想以硬性的法令规定其组织间的分际关系,而想养成一种新礼俗,形著其组织关系于柔性的习惯之上。所以实验计划中设立村学乡学办法的各条文,其意都很含蓄,且颇富弹性。须待离开立法口吻,另从教育立场,详为指引点透,而后一般人知所循由,新礼俗习惯庶几得以养成。……"我们的整个《村学乡学须知》,都不是法律条文,都是想养成一种新礼俗习惯;而礼俗习惯,则天然的要渐渐养成。

2.中国式的团体生活尚待开创——更深切言之,我们所以要着重"渐"字,是因为中国团体生活的规模、样式,尚待开创。本来所谓"团体里面的每个份子对团体生活都为有力地参加",即普通所说的民主或民治;而现在世界上所有的民主或民治,照我看,其规模样式(注意我说的只是规模样式)我们仿行起来都很不合适,我们须要在民主或民治里边开创一个新规模新样式。这就特别难了;摹仿还比较容易,开创则极难,开创新例,非慢慢地试探着来不可,亦即非

"渐"不可。将来中国的民主民治,其规模样式是怎样,我们初不知道,现在我们只能慢慢地试探着摸索着去创,只能慢慢地做到。所以我们要看重这个"渐"字。

总之,我们要想内地乡村社会与外面世界相交通,吸收外面的新知识方法,新科学技术,则非靠乡村组织本身先能作得好,乡村本身有生机有活气不可;而想要乡村有生机有活气,则非让乡村里面的每个份子对乡村的事都为有力地参加不可。可是,这个事情,中国人素无习惯,又无成例可学,所以就必须渐以养成,渐渐地开创出一个中国式的团体生活来。

总括以上的话来说,村学乡学的功用是什么? 我们安排这套组织,其用意就在:使乡村里面的每个份子对乡村的事都能渐为有力地参加,使乡村有生机有活气,能与外面世界相交通,吸收外面的新知识方法;能引进新知识方法,则乡村自能渐渐地向上生长进步,成功一个真的团体,扩展为一个新的社会制度。所以乡村建设,与其说是乡村建设,不如说是乡村生长;我们就是要乡村好像一棵活的树木,本身有生机有活气,能够吸收外面的养料,慢慢地从一株幼苗长成参天大树。换句话说,乡村建设,就是要先从乡村组织做起,从乡村开端倪,渐渐地扩大开展成功为一个大的新的社会制度,这便叫做"乡村建设"。

答乡村建设批判

通俗经济学之社会主义思想等为近来后之两种社

书院起之一极大变化乃是直接根基社会改变生产

营利上更确退个人为主体的财产所有制而为公人

营利自由竞争故开土地个体之命一时普见诸现人

作个性一时既见申属个厮尝批题此以自悟

朝勤度太之人群交止批出卖劳力而会所施用其隐

的末智此在其社会中实於被动而可能为积极主动地

参加不之切白才所有社会未将所措内容意涵趣谢

健全有不待言矣

△社会养成之此重建一方调整社会分之其成员间

开体俱得韩之完变化全地路观不在别求而但安社

人对的诸所专制分题上去乔谬说是虽偶得一误物对

人的关係与意义

物之於人具有二义其一则物为人才缺创生注物

一倒之生产利用一切物於天定一则物为人新赖活物

生活内涵料由此二义人始入向卷福陶醉精神方面活动後

方面都方不可分離的開係和人翳於物遵有超太累

趣和雲宗穷人翳脱離目状狀故进入一变社实闲须物

目　录

弁　言

我爱留心问题，又常爱有我自己的主见。有所见不免要说出来，乃至去实行，这样不免有人批评指摘或反对。但我于此，偏是一个懒于答辩的人。记得民国十年《东西文化及其哲学》出版时，各方面的批评很多，我始终一概未答，其中只有一篇胡适之先生的批评是作答的；然那亦是在事隔一年以后，经北京大学多数同学要求，而以公开讲演出之的。这次的答"乡村建设批判"恰又是距《中国乡村建设批判》那本书出版四年之久，经几位朋友要求，以讨论会方式分作几次谈说的。既经说了一遍，便将它写出来，遂成此文。

《中国乡村建设批判》一书为千家驹、李紫翔两位所编印；其内容即系千、李以及其他三五位在各杂志报张所发表批评乡村建设的文章之总收集。他们几位的意见，颇可以代表某一些朋友的意见，原是值得辩论的。可惜我太缺乏作笔战的兴趣（当面辩论较为乐意），久之又久，总不置答。然而现在想起来，到今天来作答,或者正是时机,觉得格外有意义呢!——读者试看下文便知。

在辩论之先,应将批判者之意见扼要点明。原作既非一整篇系统文章,且不出一人之手,欲扼举其要,似不容易。然却幸编者于叙文之中,已列举五个问题,实即为批判者致疑之所在。所以我们正好据以作答。兹节取原叙,将五个问题列次于下:

第一,中国的国民经济,无论从其与各国的关系上,或其自身的结构上,无疑的已是世界经济之一环节。特别是在整个民族陷入沦亡危机的时候,中国经济的解放更与政治的解放形成不可分开的一个事实的两面。那末,乡村建设运动是否能由我们把它与中国民族解放运动切开,而由我们意识地或非意识地不顾一切的前提下,关起门来完成? 换句话说,中国的乡村建设——或者可以说是中国的国民经济建设——问题,是否能离开民族解放运动而单独地解决?

第二,现在中国的问题和恐慌是一整个的国民经济问题。如果我们由工业的竞争逃避到农业,由都市的失败逃避到农村,并且将农村经济从整个的国民经济中分离开来,想由"农业以引发工业",或由农村复兴以救济都市,这是不是能够得到中国问题之真正的解决?

第三,在我们正在为"乡村建设"而建设的无原则的情形下,帝国主义者的势力,却同时已获得了长足的进展。举一个明显的例来说:某帝国主义者不仅强迫在某种政治条件之下,实施所谓"经济提携",而事实上,河北、山东的种植美棉,已成为他们所提的"经济提携"中主要的工作;河北华洋义赈会所属的合作社以及定县和邹平的实验成绩,亦将成为某国开发华北所企图利用的对象。像这样无原则的"建设"乡村,是建立民族经济的壁垒呢?还是会做殖民地的清道夫呢?

第四,农业或农村经济问题之主要的内容,实包含有生产手段的分配、生产物的分配、农业经营和农村经济诸问题。我们现在如意识地抹杀了,或忽视生产手段和生产物分配的问题,特别是土地分配的问题,仅从农业技术、农产运输和流通金融等枝节问题去兜圈子,是否能够解除中国农民的痛苦?

第五,乡村建设的理想,虽在所谓促进农业经济的"现代化",但是实际上有许多地方却着重在恢复落伍的并且崩溃的手工业经济,以至宗法社会的礼教,这究竟是前进呢?还是在开倒车?

虽说五个问题,而核实不外两大根本问题:一是帝国主义;二是封建势力(并包土地问题)。质言之,就是问我们为何不反帝反封建?五问题中之前三即属于第一根本问题者;其后二则可归摄于第二根本问题。恐怕诸位先生怀疑之处排列起来尚不止五个问题;却问题尽再列举许多,仍为此两大根本问题所统摄。——我想是如此。

我现在答辩,先说大端,后谈细目。又为报纸文章不宜太长,特标许多题目,而实际贯串起来是一篇文章。大端自是指两大根本问题或五个问题;细目便是原批判者各不同作者的各篇文章中之所指摘。这些多半于五个问题中作答;其有未尽,则分别为文。五个问题多半可于两大根本点中说了,其有未尽,则分别为文。如是,从总到分,由钜入细,大概应可以解答完的。

还有要声明的一句话:我今天答辩是代表我个人而止。年来乡村建设运动遍于全国,却非自一个中心扩大起来,而是先后由各地发动的;彼此见解主张互相接近,而不无出入。原书于为一般性的批判之外,亦曾分别作批评。我于一般性的批判,只以我个人意见作答;其余问题,亦只解答那些我应负解答之责的。

一 维持现状乎？打破现状乎？

一

在乡村建设批判者看我们，唯一的错误便是想在现状下求办法。那么多的文章，千言万语，归总无非是这一句话而已。现状是什么？第一便是中国已被卷到世界漩涡而置于帝国主义侵略压迫之下；第二便是中国自身数千年历史的封建宗法之残余势力（军阀问题以至土地问题）。这是形成中国问题之真因，亦即是乡村崩溃之由来，却全不见你们一点的反抗，或且事实上倒见出一种妥协。像这般逃避问题而觅求办法，不是骗人亦是糊涂！——批判者的意思就是如此，实在很简单的。

本来这问题好像只有两条路线：一条是维持现状的路；一条是打破现状的路。而批判者则将我们认作维持现状一边。尽管你有些超过现状的理想，否认现状的说话，但你们的行动事实明明在那里维持现状。既然维持现状，其努力结果又何能出乎现状之外？不过给帝国主义者造饭而已！纵然乡村一时稍好，农民痛苦亦必依然。整个中国问题的解决更说不上，或者转而耽误了中国问题的解决。——这又是批判者势必所致的推论。

所有以上的话，除了我对于中国历史的解释不同，素不愿轻用封建宗法等名词之外，大体上并没有不同意的地方。现在有待辩明的，就是我们真是只在现状下求办法吗？抑或有在批判者意想之外的呢？

二

当然是我们对于中国问题之认识，和批判者之所见有些不同处，而后行动起来两样。但这些不同，却非由于批判者所看到的，而是我们没有看到。倒转来，正是为我们所看到的，而他们没有看到。

于此，将先证明他们所看到的，我们都已看到。那就是证明我们认得中国问题的整个性，我们要求总解决，而绝不在现状下求办法；他们反帝、反封建，我们正同样地进行帝国主义问题、军阀问题、土地问题之解决。

我们之认识中国问题的整个性并要求总解决，从十几年来的言论，无在不可证明。读者试去翻看《村治论文集》（十八年北平《村治月刊》上论文之集印本，一名《中国民族自救运动之最后觉悟》，中华书局出版）、《乡村建设论文集》（《乡村建设》半月刊上论文之集印本）、《乡村建设理论》（一名《中国民族之前途》，以上两种均乡村书店出版），以乡村标题的刊物而所谈却尽是整个中国问题。《村治》上主要的论文便是：《我们政治上的第一个不通

的路——欧洲近代民主政治的路》《我们政治上第二个不通的
路——俄国共产党发明的路》《中国问题之解决》等篇。《乡建论
文集》前半部大都类此。《乡建理论》一书则上半部即为认识中
国问题之部；下部为解决中国问题之部。其中最明白的话，如说：

> 中国问题是整个社会的崩溃，而其苦闷之焦点，则著见
> 于政治问题之没法解决。假定于政治问题的如何解决没有
> 成竹在胸，而谈其他的，都是白费。（《乡村建设理论》，308
> 页）

> 乡村建设运动其使命实在于形成一个社会意志，以立国
> 权（政治问题相当解决）。在此以后，一切建设才得如飞地
> 前进。……乡村运动最大意义正在此。（同前书，366页）

试问这哪里好判作一种国民经济运动而止呢？——在批判
者第一个问题中，便将我们判作国民经济运动，而致疑其能否离
开民族解放问题单独完成。须知我们的工作纵然在教育，其意义
却非止于一种什么教育运动；我们的工作纵然在经济，其意义却
非止于一种什么经济运动；我们纵然埋首乡村，却非不问政治；我
们纵然身在内地，而眼光正无妨在国际问题民族解放。我们首先
声明否认以乡村建设运动当作国民经济建设运动的看法。——
这是明明白白错误的。

三

批判者根本错误就在当我们忽视（有意或无意）两大根本问
题。这在我十几年来的言论，原可覆按，欲征引来作证明，实不胜

其繁。今只引一篇最明白不过的说话,即十九年发表《敬以请教胡适之先生》一文。因胡先生不赞成当时革命潮流以帝国主义封建势力为敌人,而别唱五大仇敌之说,我反对他说:

> 三数年来的革命,就它本身说,可算无结果(帝国主义及军阀依然如故),然其影响所及,亦自有不可磨灭的功绩。举其一点,便是大大增进了国人对所谓世界列强和自己所处地位关系的认识与注意;大大增进了国人对于经济这一问题的认识与注意。这两层相连,亦可说是二而一的。近年出版界中最流行的谈革命的书报刊物,无非在提撕此点,而其最先(或较早)能为系统地具体地详细地指证说明者,则殆无逾漆树芬先生《经济侵略下之中国》一书。此书一出,而中国问题的意义何在? ——在国际资本帝国主义的侵略压迫;中国问题的解决何在? ——在解除国际不平等的桎梏束缚;遂若日月之昭明而不可易。

> 却不料适之先生在这大潮流鼓荡中,竟自没感受影响,于对方立论的根据由来,依然没有什么认识与注意。先生所说五大仇敌谁不知得,宁待先生耳提面命?所以不像先生这样平列举出五现象的,盖由认识得其症结皆在一个地方。……帝国主义实为症结所在。

> 先生凭什么推翻许多聪明有识见人共持的"大革命论"?先生凭什么建立"一步一步自觉地改革论"?……帝国主义和军阀何以不是我们的敌人?正待要好好聆教,乃不意先生只轻描淡写说得两句。……像这样轻率大胆,真堪惊诧! ……我方以革命家为轻率浅薄,乃不期先生非难革命家

者,还出革命家之下!

试问批判者今日所恐怕我们看不到的那点意思,还能超出当年的革命潮流之外吗?胡先生于此是轻忽了的,我们则未尝尔。我本同意于胡先生之反对暴力革命,但我却反对他之忽视问题,拿不出办法。我于引录漆氏原书很长一段结论,郭沫若先生一段序文,指给胡先生看人家所要走的路线(亦几乎是唯一的一条路线)之后,而请问他的路线办法是什么?我又切实地说:

> 在没有彻底了解对方之前,是不能批评对方的;在没有批评倒对方之前,是不能另自建立异样主张的。(连上所引俱见中华书局出版:《中国民族自救运动之最后觉悟》)

请看我的见解态度还不鲜明紧切吗?而批判者还笑我们有意无意忽视问题,说什么"不敢正视问题",那我只有付之一笑——懒得作答,多由于此。

归结说:批判者所看到的,我们都已看到,我们岂是维持现状,在现状下求办法者?公等浮粗,不能理会我们的用心,则我们这条路就只有在公等意想之外了。

二　两条路线——批判者和我们

一

批判者所看到的问题,我们同样地看到,没有忽视,但彼此走的路线不同耳。路线指达于问题解决的途径,其中一定要通过政治才行。所以简捷说,就是彼此的政治路线不同。

在要说明我们的这条路线之前,必须先将批判者所采的路线指出,以便对照比较。

批判者所采取的是怎样的一条路线呢? 我们查取他们各位的文章,觉得最好以千家驹先生一篇文章为代表。那里说得很明白:

> 自从我在《中国农村》及天津《益世报》上同时发表了《中国的歧路》一文后,曾收到六七位读者的来信,他们向我说:他们的办法既然不行,请你拿出你的来吧。最令我感动的是一位山东乡村建设研究院的同学来信说:"先生假如有

具体的办法时，我立刻抛弃此间的工作而愿意跟着先生干。"吴景超先生读过我的文章后，他也问我的具体办法是什么？我在这里将作一个总的答覆。对于这个问题，环境是不容许我作明显的表示，但我不妨提出几项原则来，读者看了这种原则，就不难明了。

第一，这种组织必须是能代表最大多数农民之利益的。如果我们承认中国农民是有阶级的分化的话，那这最大多数农民当决不是地主与富农，而是贫农、雇农及一部份中农。

第二，这种组织必须是自下而上的。如果我们承认中国的政权，尤其是地方政权，还掌握在代表豪绅地主利益的人们的手里的话，那这种组织是决不能希望他们来领导与发动的。它必须是一种自发的组织，而不是由上而下的，由政府机构所通令成立的。

第三，这种组织必须是适应世界潮流的。现在的世界，已经不是孤立的闭关自守的世界，我们应该走哪条路已摆得非常明显。倒行逆施的开倒车运动固然行不通；自作聪明独创一格也为时势所不许。我们不是向左，便是向右，中间是没有第三条路的。

第四，这种组织必须以反帝国主义与反封建残余为其主要任务。因为假如我们承认我们农村破坏的主要因素是由于帝国主义者与封建残余剥削，则肃清这两者自为农村建设的下一步工作。(《中国乡村建设批判》，93页)

这是哪一条路线，原作者既不肯明说出来，我们自亦不便替他道破。好在"读者看了这些原则亦就不难明了"。

二

我们则是怎样一条路呢？诚有如千先生文内所讥讽的"自作聪明独创一格"。然而这是为适应中国问题,有其必要,非有意标奇立异也。其内容要点:

第一,推动社会,组织乡村。"我们现在必须看乡村是一整个的;至少对于多数乡村是必须如此看法。"(《乡建理论》,280页)"乡村内部非无问题,然宜留待后一步解决。"(同前书,334页)我们反对有意分化乡村,而斗争于乡村内的运动。我们不称农民运动而称乡村运动,意盖在此。

第二,知识份子为乡村运动者,实行推动,隐然领导。"我们看见历来对于中国问题之发展,有两种不同形式:一种是通习外面世界情势之知识份子所发动者;……一种是不通外面情势之内地无知农民所发动者。……""其间有一大苦楚,即两种动力乖离,上下不相通。"今后"中国问题之解决,其发动主动以至于完成,全在其社会中知识份子与乡村居民打并一起所构成之一力量"(同前书,326—334页)。若"农民自发的运动"之说法,是不切合中国问题之实际的。

第三,知识份子下乡,推动社会,使散漫的农民日进于经济的合作组织,政治的自治组织,即是乡村建设运动。表面上是没有直接反帝反封建之行动的,然而正非不"反帝反封建"。力量培养起来,随时可用以反帝反封建;且在培养中即含有反帝反封建在内了。

第四,乡建运动之主要任务,首在求得中国政治问题之一相当解决。所谓相当解决指大局之稳定统一。我们认定中国国家的统一,当于其社会统一求之;而乡村建设运动则将逐步调整社会关系,形著一明朗有力之社会意志共同要求,奠定统一基础。(同前书,336—342 页)

三

上面特为对照千先生的话,列举四点,亟望读者细加体会。体会时,单作平列的比看是不够的,要设想其如何向前进行。像千先生那种农民组织向前进行时,本不求与现状妥协,亦是虽欲妥协而不得的。他们必要建立自己的政权。不独为完成反帝反封建的任务要如此,而且非如此便不能存在——他们是不见容于现政权的。

我们如何呢?我们自进行之初以迄最后,原都可说作(就国内说)妥协的路子,但我们却依然亦必建立我们所需要的政权才行。不过问整个问题则已,不求总解决则已,若然,即必得如此。既然要对外求得民族的解放,对内完成社会的改造,那就必得建立能尽这任务的政权,是没有疑问的。

彼此同样要建立新政权,然则其不同果何在? 这就在:

一、我们殆以百分之九十以上的注意,注意到此一政权的统一稳定;至于其阶级的立场如何,则不注意争求,或只加以少分的注意。

二、他们殆以百分之九十以上的注意,注意到此一政权的阶级立场;至于其能否统一稳定,却轻忽了。

基于上述彼此注意争求之点各异,于是各走一路:

一、他们分化中国社会,要在其内形成某一方面立场的力量,作军事的及政治的斗争,压倒其余,取得政权。——他们走分化斗争之路。

二、我们一意增进社会关系(由散漫入组织),调整社会关系(从矛盾到协调),俾隔阂得以沟通,痛痒得以苏醒,使此广漠散漫的社会,有其一明朗的意志要求可见。这样反映到政治上,自然建立统一稳定的政权。——我们走调整协和之路。

我们为什么固执地要走调和之路,并不由于性好和平,而正为所注意争求者在统一稳定。为什么偏偏注意统一稳定?又为什么统一稳定的政权,只能从调整协和得之?这就是对于中国政治问题的认识与批判者不同了。而此对政治问题之特殊认识,实基于对中国社会认识之不同。换言之,此中有很深理论上问题在。

今为便于读者明了起见,并力避文章太长,不愿十分从理论上立言,拟分三个小题目来说:

一、我们眼中之中国政治问题。
二、你们解决不了中国政治问题。
三、中国政治问题的解决在哪里?

这是两条路——批判者与我们——真正的争点所在,讨论达于问题核心了,请读者留心向下看!

三　我们眼中之中国政治问题

一

我们眼中之中国政治问题，就是国权建立不起，而只有分裂单弱不稳定的东西南北各政权。——这是过去二三十年的老实话。常常说的"不统一"、"不上轨道"、"军阀割据"等，皆是说的这个局面，其给予我们的痛苦，可约为四点：

一、武力横行，法律无效，社会的秩序性已降至最低度。

二、政府的腐化贪污。

三、下情隔膜，凡百措施，尽有好的名声或好的动机，而卒归于病民；民间痛苦万状，无由上达。

四、内战连绵，三年两年一大战，一年半载一小战，其不战之时，只是战争的休息，再战的预备。二三十年间举全国人力、物力而萃于自己毁灭之途。

这在批判者,大约总括之曰"封建残余势力之为患",所以要反封建。我们的所见有些不同。我们根本不同意以封建社会、资本主义社会这类公式范畴,加于中国社会史上。此非名词之争,而是历史之解释不同,暂且不谈。现在特需指证流俗之错误的:

第一点,"残余势力"这一观念最不正确。军阀产生于清廷之崩溃,而随民国之创建以俱来。革命之成,实成于他们,是新兴势力,而非传统势力。民国以前,既无其名,亦无其实;民国以后,先有其实,后有其名。我们不能遽以割据为封建,又以封建已倒,而命曰残余。从"封建残余"四字,最容易使人误会它是旧有的,而其实它是新有的东西。

第二点,这局面不但是新的,而且是一时的变态。我曾说:

> 这实在是不成政治,或"政治的没有"。在此分裂局面下,不但无法应付国际环境,无法防救天灾,更且造成特有的人祸——乡村成了绝对牺牲品。乡村虽在任何一社会总是居于不利地位,但绝不会落于牺牲地位。任何一社会都要在一种社会秩序下进行它的社会生活;而是一个国家,必有其秩序——国家与秩序是二而一,一而二的。是秩序就有保全(尽它是一个不平等的秩序),所以无论如何不利(尽它怎样严重榨取剥削或妨碍),都不致作牺牲。其故即在一个统治力下,统治的一方面,被统治的一方面,总不过是两面。此两面有时对立,有时相依,成为一个结构。此一面亦少不得那一面,如何能不留余地毁灭它呢?但中国此刻不然,它不是两面,而仿佛分成三面了。此一政府与彼一政府为对立形势,乡村社会落于第三者地位。从国际的、国内的许多关系

上,都表见有统一的要求,而在政府间亦有不容第二者存在的相互排斥性。但又到底不能浑一全宇,建立唯一的统治力。于是内战连绵不断,假令索性分裂成几个国家,倒亦没有许多战争。苦在分又分不开,合亦合不拢,就纠缠不清了。在杌陧不安的对立中,彼此各以应付对方为急,便顾不得第三者,而乡村乃落于纯被牺牲的地位。对于乡村常是说:"今天可讲不起(挖战壕、炮火烧杀或征伕派款),明天必不如是";但到了明天,依然是一今天。(《乡村建设理论》,第9—11页)

原文系就乡村说话,其实工商业亦同毁灭于此。中国日本同受西洋影响,日本走上工业资本的路,而中国不能的,正为这"政治的没有"(注意:非政治不良);日本原亦受不平等条约的束缚,但它能修改,能废除,因为它具有一个国家通常有的机能。中国人一样地要吃饭,要发财,难道不想营工营商?无奈它没有日本那样的社会秩序、法律保障;却有日本所无的交通不时断绝、炮火不时发作。外受压迫、内受摧残,其余有几?整个社会日趋崩溃,向下沉沦,此岂一社会的常态呢?

二

说到此,我们必须为更进一层的指点。我们与流俗之不同,就在我们看全局,看全盘关系;而流俗则以其为军阀所苦,集其视线于军阀本身,痛心疾首,认为问题在此,而不知问题之不在此也。问题之不在此,就从全国诅咒军阀,乃至军阀亦自己诅咒,若干年来,千方百计,取消之,打倒之,而军阀卒乃如故,可以看出了。须知非因军阀而国权不得建立；乃以国权建立不起，而有军阀。国权之建立，须凭藉一政治制度（或更深刻地说：一种政治构造）；而任何一政治制度，乃在此刻的中国均无法安立。——这是问题所在。

为什么任何一政治制度均无法安立？任何一政治构造都不能形成呢？这就因为数千年很少变的中国文化动摇了；数千年很少变的社会构造方在崩溃解体中。请看我旧日的一段话：

> 中国社会为什么竟至崩溃解体呢？这是近百年世界大交通，西洋人过来，这老文化的中国社会为新环境所包围压迫，且不断地予以新刺激，所发生的变化而落到的地步。于此，不要忘记的是中国文化的自古相传，社会构造历久不变的那件事。它不变则已，变起来格外剧烈、深刻、严重！

> 此其问题的演进，先是这老社会受新环境包围，感觉得有点应付不了，稍稍变化它自己以求适应。所谓变化它自己，质言之，就是学一点西洋。不料这变化竟是变不得的。因其文化自身既达于极高度的妥当调和，改变一点，则其所以为妥当调和即不如初；好比配置稳洽、扣搭密合的一件东西，稍一变动，即见仄斜罅漏。所以这变化的结果，除了让自身失其原有调和之外，不能有何正面的积极成功。环境仍未能适应，更觉着急，势必有再一度变化。再变的结果，更是对内失调，对外不能适应。抑且从其对内失调，而对外更无力。数十年来变化不能自己，每一度变化辄引入更深一度的崩溃；要想成功的，却一件得不到（**民治不成，党治不成，学校制度的失败，工业制度的失败**等）。在这过程中，始所面对

的原是外围环境,国际问题感触亲切;乃其后来,转成对内问题。因内部失调严重,矛盾冲突日烈,其刺激自比较更直接。即从内部矛盾冲突,而促其社会构造崩溃,以崩溃而矛盾冲突益烈,如是辗转无已。平常说的"政治不上轨道",便是其唯一症候。试想政治构造原是整个社会构造的一层、一面;整个社会构造的趋向崩溃,它如何单得维持?抑且首先不能维持的是政治秩序,首先崩溃的是政治构造;即从这里而转促其社会崩溃。到社会已经崩溃解体,则更难有何新政治构造形成于其上。(《乡村建设理论》,第 21—22 页)

中国政治上无办法,是社会崩溃之果,亦是社会崩溃之因。政治与社会,互为因果,往复环循,愈演愈深。然而政治自是浅,自是末,而社会较深,社会是本。所以我们说:"中国问题是整个社会的崩溃,是极严重的文化失调,而其苦闷之焦点,则著见于政治问题之设法解决"。《乡村建设理论》上半部——认识中国问题之部——末后三大段:

(三)旧社会构造在今日崩溃的由来。

(四)崩溃中的中国社会——极严重的文化失调。

(五)中国政治无办法——国家权力建立不起。

正是为此而有较详论述。我们今不能具引,只能在此继续指明两点:

一点指明:中国此刻问题,在秩序的缺乏或秩序的没有,而不在有一不平等的秩序,如流俗所误认者。

再一点指明:中国此刻问题,不在剥削,而是超过剥削,近于劫掠争夺了。剥削是要在一定的秩序下行之的,中国正苦于秩序之不立,哪里配谈剥削?

因此,那"日趋崩溃,向下沉沦"的大势,最须加意体会而认识之。我曾指说:

> 今日中国所患如果只在"贫",那事情早简单好办了。要知道今日中国不是贫的问题,而是不能富的问题,是贫而益贫的问题(《乡村建设理论》,第 18 页)。

> 所成不抵所毁,其进不逮其退。(同前书,第 19 页)

归根来说,这是特有的文化失调(任何民族所罕见)之严重结果。早已不止于一个政治的问题,更非"封建残余"那种模糊不清、浅薄已极的一句话所能解释的了。因对于问题认识不够,当然就解决不了问题,于次段说之。

四　你们解决不了中国政治问题

一

我可以直对批判者说:你们解决不了中国政治问题。

且先问:如何方为这个问题的解决? 从来我是这样说:

一、能得统一稳定,国权树立,便为初步解决;

二、彻底完成一民主主义之新政治制度于中国,乃为完全解决。(《乡村建设理论》,第312—314页)

今不论批判者承认不承认这两步解决的话,统一即不为民主先决问题,要为其同时必备条件,恐怕是任何人都承认的。又假若统一了半年一年,又不统一,那么,这个统一就不算数。因此统一之下缀"稳定"二字,不为多余。

我们今以能否达到统一稳定,为解决问题的征验,想来批判者是可以同意的罢! 下面即指出批判者之路线,达不到统一稳定。

二

批判者所走分化斗争之路,就是一般的革命的路子。他们意在将被统治阶级(尤其那在政治上经济上处于不利地位的人),有一种组织,共起而反抗推翻那统治阶级。而在他们看军阀(南北各政权)便是中国的统治阶级,正为革命对象,所以必得推翻之,而后新政权乃得建立。这流俗的谬见,我们从来反对。我们曾指证出:中国缺乏统治阶级,军阀不算革命对象,你也无法推翻他,而建立你的新政权。

中国之缺乏统治阶级,是从来缺乏。虽然国家都是阶级统治,但过去中国适为"一人在上,万人在下"的局面。而非阶级统治,《乡村建设理论》(第 34—38 页),有论述,今不具引。入民国后之缺乏统治阶级,则以旧秩序推翻,陷于秩序的饥荒,未得形成阶级。抑且难言统治。《乡村建设理论》第 70—75 页,又第 77—95 页,于此有论述,今为节省篇幅,只摘取几句以见意。

> (近几十年)教育、政治、经济三种机会,都渐渐走往垄断里去;而三者又是连环性的,得其一亦得其余,一项不得则全没有份。中国若照这种情形下去,可使一部份人常在上,一部份人常在下。成为世袭垄断,阶级对立。(中略)但垄断需要一个条件,即社会有秩序。有秩序,才可让垄断者的机会确定,慢慢地往垄断里走。而现在中国却无秩序可言;无秩序便无保障,无保障则说不定哪时机会便被打破,所以垄断终不成功,阶级便不能养成。也正因为中国没有阶级,

统治力无所寄放,故政治上无办法;政治上无办法,社会更无秩序,更不能有垄断,更不能有阶级。此与日本国情不同。日本政治上有办法,社会有秩序,便保障了垄断,培养成阶级。

军阀之不够革命对象,即因缺乏秩序,难言统治而来。《乡村建设理论》第95—103页,于此有论述,摘录如下:

军阀果为正确的革命对象否? 照我的回答,军阀不能成为革命对象。欲说明此意,须先说明如何方为革命对象;而更先要说明何谓革命。革命是一种社会根本秩序的推翻与改建。然在人类历史上,秩序与国家二者几乎是不可分离的。先乎国家,则秩序之义殆尚未见;后乎国家而存在的秩序(无国家的秩序),则犹期待于理想之未来。自今以前,人类社会所有秩序,没有不是靠国家权力维持的;而所有国家,没有不是武力的统治。秩序一词,包含法律制度、礼俗习惯,乃至其他类乎此的东西。当然其所由维持不全恃武力;而武力每为后盾。革命就是否认秩序,否认这秩序背后根本的最高权力,所以革命就必是暴力行之,亦就是为此了。我们虽然可以分别反抗异族统治为民族革命,争求政治自由的为政治革命,要求经济改造的为经济革命,但一切革命,实际总是一个政治问题。因为实际都是要推翻那种秩序统治,而从新安排过。因此,革命对象主要在对那秩序,其次乃对人。类如朝鲜人要推翻日本所加于他们的那种秩序统治,如其日本放弃那种秩序,就没有问题。不过日本人总是要拥护维持那种统治的。朝鲜人乃不得不以日本人为革命对象。经济革命并非要杀尽资本家;政治革命并非要杀尽皇帝贵族。不过一种秩序不利于这一部份人的,恰好即为那一部份人所凭藉而存在;他要推翻,他要拥护,就发生了对人问题。绝没有单单对人的革命。

如果我们在上面所说的不错,则我们将问:军阀是人的问题还是秩序的问题? 我敢决定说:不是秩序问题。我们遍查中国国家法律制度,没有军阀这一条文。从民元的临时约法一直到今天的法律,谁亦不能指得出军阀是根据何种法制而产生,是凭藉哪部律条而存在。反过来看,很明白地正因为军阀而国家法律失效,而社会秩序破坏。他恰好是与法律秩序势不两立的东西。

中国今日正是旧秩序破坏了,新秩序未能安立,过渡期间一混乱状态,军阀即此混乱中之一物,其与土匪只有大小之差,并无性质之殊(**土匪扩大即升为军阀,军阀零落即为土匪**)。他并不依靠任何秩序而存在;而任何秩序乃均因他之存在而失效,而不得安立;——约法因他而破坏失效;党章因他而破坏失效。他的存在实超于任何法律制度之前。

这里要注意的:他固然于法律制度无所凭藉,更且无藉于道德观念或宗教信仰。社会上的道德观念和宗教信仰,向来有与国家法律制度协调一致的必要。因为法律制度除了有武力作后盾以外,更须理论拥护,使他成为合理的。这在喜用阶级一词的人,就谓之阶级理论。例如日本天皇的神圣尊严,不但宪法上有标订,道德上、宗教上的维系力更大。乃今日中国的军阀偏不如此。社会人人诅咒军阀，他毫不为意；甚至他自己亦应和着诅咒军阀。从来不见有这样的反阶级理论，这就见他毫无所凭藉于道德宗教的维护。这就证明他并不立于一种秩序之上。

此即前说的中国此刻问题，不在有一不平等的秩序，而在秩序的缺乏。有一不平等秩序，好革命；秩序缺乏，无法革命。

三

所谓"你无法推翻他（军阀）"，非谓那些军阀推不倒，系谓推倒他，仍无救于秩序的饥荒，军阀依然再出。我曾说军阀合于不倒翁的原理：

> 军阀存在于何处？军阀是一面托足于旧秩序之无形有力部份为基础；一面更头戴着新秩序之有形无力部份为帽子。何为旧秩序之无形有力部份？法律制度一切著见形式者，为旧秩序之有形部份；此在今日多已破坏无存。传统观念、风俗习惯，乃至思想见解，为旧秩序之无形部份；此在今日以社会上物质的进步之缺欠，教育之所及又偏枯微弱，故尚为有力的存在。按现在流行的语调去说，数十年来政治改革运动，文化改革运动，多使中国旧日社会上层建筑破坏；但下层构造则无甚进展。任何新秩序之不能为有效的安立，正在于此。新秩序只能为各色的安设，有形而无力；军阀即戴此为帽子，混迹于新秩序中。上轻下重，正合了"不倒翁"的原理。摇幌来摇幌去，总是不倒的。（《中国民族自救运动

之最后觉悟》,第 401 页）

社会上要求一新秩序,而新秩序卒不易建立之故,在这一段话已透露出来,但尚未说得明白。今试说明之:我们晓得,社会秩序(一切法律礼俗)原是跟着社会事实(经济生活居首要)来的。社会秩序无非是让社会事实上走得通的一个法子,所以二者是要相符合的。秩序和事实二者都是已存在,还有从我们主观时时发生的意识要求,为第三者,亦是会要一致相符。因为社会秩序,即是一个是非标准,有价值判断在内,它训练我们意识随着它走;而我们的意识要求又离不开社会事实作背景也。三者协调一致为常例;其次,事实已有进步或改变,而秩序仍为惰性存在,则意识便来调整变通之,使复与事实相顺。此亦为常见之例。再其次,事实已有很大变化进步,而秩序惰性甚强,成了一种强硬的桎梏,两不相容,突然爆发革命。革命的爆发,大抵由于此时各自阶级意识甚强,而社会意识缺乏,不能从中作调整工夫。此虽非家常事,然其例却亦所习见。独中国现在的情形,乃在此三例之外。

何以言之?这就是我常说的:中国革命不是社会内部自发的,而是由外面世界潮流国际压迫所引发的。社会内部自发之革命,大抵因新事实而产生新意识,二者一致同趋,其著成新秩序也不难(新秩序此时盖既伏于新事实而萌露于意识之上)。现在中国不然。论其社会事实,则以演自中国数千年特殊历史者为本,而社会意识(是社会的非阶级的)则以感发于西洋近代潮流者为强,二者固不大侔。旧秩序既以不容于新意识被排而去,而新秩序顾又缺乏新事实为根据而建立不起。于是"前不着村,后不归店",两头落空,成了秩序的饥荒。这不在三个常例之外吗?

在此两夹间中,意识拗不过事实,就归落到军阀之局。——他是较合于事实,而不合于意识要求的。"故不得明著于法律,故不得显扬于理论,故不得曰秩序。""他唯以无新秩序起来替代,故暂时消极存在耳。他不劳再否认;——因他并没有被承认。他不劳再推翻;——因他并没有建立。"(《乡村建设理论》,第102页)

新秩序至今不易建立之故,一半误于安于现状的人,又一半则误于不满现状而行动操切的人。他们一味以暴力破坏为事,徒使社会沉沦淹滞不得进步,新秩序无所资藉不得形成,而众所厌憎的现局面,转更拖延下去。我们所以反对北伐完成后的暴力革命,而主张乡村建设,其意义即在有计划地推动社会进步,于培养新事实之中,建造新秩序。

四

所谓"无法建立你的新政权"之意,从上面说明"你无法推翻他"之中,已可看出。但我们还想另外从两方面有所指点。以下先说一方面。

现在要说的一方面,就是批判者这条路怕是走不出来的。这条路本是刚强好汉的路,以反帝反封建号召于人,人亦以此同情他,而追从他,颇能为一时有力的发展。然而他怕不能刚强到底,不能走直线。"打倒帝国主义",只可作一口号来倡说,临到事实上,我们并不能以武力向帝国主义者进攻;乃至从经济上不合作来反抗他,有时亦行不通。我曾就过去北伐时的事实,于此有较详确的指说,见《中国民族自救运动之最后觉悟》第181—186页,此不具引。尤其是反帝反封建同时并进，一齐以武力反抗，为绝不可能之事。像今天的对日抗战所以可能，因为是在两大前提下行之：

一、不为广泛的反帝运动；

二、不作对内斗争，而且力求团结。

由此可以证明，反帝反封建只是说说而已，实行上要走曲线。走直线刚强到底必然被消灭。像千家驹先生所说那种农民组织，无论如何是不见容于现政权的。其前途发展之最大可能，亦不过如过去之中国共产党，终究遭遇广泛强烈的反对，几乎被消灭。其幸得未被消灭，是碰巧藉着一致对外，而自动放弃其对内斗争来的。那只是"幸而免"；其得免，还由于善于转变，则走直线之走不通可知矣。

然则于号召反帝反封建得到发展之后，转走曲线，如何呢？譬如说：一旦自己势力形成，便专力肃清封建，而暂时对外妥协；或先妥协于内，而并力于反帝运动。这乍看未尝不是一时求全之道，然此中大有难处。一则是：你先不刚强，还可不用多示妥协；先既刚强，则此时妥协不够分数，便不见信于敌人。再则是：你先不以刚强振导士气，今虽对外稍作妥协，亦还无碍，先既刚强，今忽示弱，只对外妥协一分，而影响于士气人心者则倍之矣。平素以反帝反封建相号召，鼓着气往前干的，一旦与敌人妥协（或者还是尽量妥协），气便鼓不起，则阵线动摇，以致内溃，诚不得免。

以言语胜人，何益于事？事实所在，不可以口舌争。我所说走直线则被消灭，走曲线则内溃的话，是否实情，请读者从事实上

左右思量一番,胸中自不难有个判断。论者尽有反驳的话好讲,
我却不同他多争。

　　读者亦许有疑问:然则估量革命不成,便不要革命吗? 非也。
革命焉得计成败? 譬如朝鲜人对于日本之统治,只有革命,还问
革得成革不成吗? 但中国人于今日之中国问题原不适用革命,而
你要走革命的路,便有成败问题了。所谓今日之中国问题原不适
用革命,即为中国还不到被帝国主义者统治的殖民地地步,而另
一面国内的军阀,亦非是革命对象,因此正确地讲,我们都不能对
他们革命。此时革命手段,如果能解决这两大问题,是不禁用的,
但既非唯一的一条路,所以就要考虑其成败利钝。实则此革命的
路所以为钝而非利,必败而不能成,亦正为其原不适用于此之
故耳。

　　这样,这条路之不能建立他的新政权,即不待言了。

　　还有其次要说的一面,就是"中国政治问题的解决在哪里"
的反面,见于下文。

五　中国政治问题的解决在哪里？

一

中国政治问题的解决在哪里？要回答这个问题，除了以统一稳定为问题解决之征验一层在前已说外，应照下面三层去说：

第一层，一般国家，其得以统一稳定者在哪里？

第二层，中国二三十年来，迄不得统一稳定者，究为何故？

第三层，根据前两层而论定中国达于统一稳定之道。

我们现在就依次进行。

二

我们先来试着说明，一般国家，其得以统一稳定者在哪里？说"一般国家"，当然特殊的不算在内；非国家的更不在内。说

"统一稳定"，正是指着一个国家所以成为国家那一点而说；——若分裂扰攘不宁，便不成国家。所以这便等于问，一个国家如何构成。这可以回答，国家实成于阶级统治。亦即是说，一个国家之得以统一稳定，实靠于其某一阶级的统治力。

这里需要一点解释。人类为什么要"国家"这个东西？就是为要从国家那里得到秩序。人是不能离开社会而生活的；而社会生活若没有秩序，便没法进行。人类历史上所有的社会秩序，自今以前，没有不是靠国家权力维持的；而所有国家，没有不是靠武力的统治。秩序包含法律制度、礼俗习惯，乃至其他类乎此的东西。此其所由维持，当然不全恃武力；而若远若近，武力每为后盾。

武力强制为什么不可少呢？要知秩序的产生，不外两种力量：一是理性相喻，一是武力强制。这两种力量似都可以产生秩序。然事实上，多不是单靠一种力量，而大概是两下合成的。只有在文化较高，理性开发，而人数又很少的条件下，从彼此了解，彼此说服，纯理性的力量，也许能建立一种秩序。假使一万人在此地，怕就难了！而一个国家，何止万人？百万、千万、万万也有。人数既多，群众心理易于冲动，便难以理喻；若加以教育程度不够，头脑简单，性情粗暴，则秩序的维持，自非借武力强制不可。说"统治"，就涵有武力强制之意在内。不过文化愈高的国度，其武力愈隐，理性愈显，反之，文化愈低，其靠武力强制便愈形显露而已。

说"统治"，必包含两面：统治的一面，被统治的一面。统治和自治之不同，就在统治具有两面，而自治则是治人与被治合而为一。在自治中,自然分不出阶级;而在统治中,天然免不了阶级——一面为统治阶级,一面为被统治阶级。然阶级之不能没有,其理还在经济方面。

在经济上,生产技术的进步,原由慢慢积累而来,不能一步登天。生产技术进步的意义,在于节省人力,尤其在于节省人的体力,作到只要以脑力运用物理的动力的地步。这样前进,才使生活需要都得到满足。并且使人有闲空,为高等的享受。当进步不够时,必还要一大部份人在生产上服务,而社会众人不能为普遍同等享受,阶级即存在于此。中国有一句古话:"不患寡,而患不均",其实不均正是由寡而来。我们须知,非大家享受同等教育,使知识能力差不甚多,阶级不得消灭。然而教育实即一高等享受,其中表示着有空闲,空闲表示着社会的富力。像今天我们这一班人,得以享受教育,实为生产相当进步,而又有好多人在生产上替我们服劳,才腾出空闲给我们。假若他们亦争着受同等教育,怕大家都会没有饭吃,所以非生产技术有极高进步,纵然想求平等也作不到。

人类原是理性的动物,但理性的开发,不能无藉于教育;而教育的发达,又不能无藉于经济的进步。因此,人类社会的构造,初时只是机械地不自觉而构成,渐渐进于理性,最后乃有意识地为合理之建造。今日一般国家,实尚在机械的构造阶段,很像一物理上力学的装置。不论哪个统一的国家,皆只是外面统一,内里并非当真一体不分,而实在是分成几方不同的势力,互相矛盾着。不过此互相矛盾之几方面,却又互相依存而不可离。军队或武力,通常都说属于国家所有。当其对外时,此话尚觉可信;若从其对付内部矛盾说,此话就非真。此时武力实属于一方面或一阶级(亦许不很直接不很明显),并不属于社会全体。一国之内,粗看可分为两面:统治,被统治。若细加体察,实像一复杂的机构,在巧妙地结构着。因为其间有大小强弱几方面不同势力,都在参加;彼此相歙相抗,若分若合,纵横起伏,皆有其位置关系在。大约在统治一面,以一种势力为主,亦许原来它就占优势,亦许凭藉政权而更以强越。它对外就代表国家;对内虽不免有其自己立场,但总是以公家名义维持秩序。其所以内里虽非一事,而外则处处表见为一个国家者,就赖此。质言之,在一国里面,必须有此一方较强势力,隐然为中心支柱才行。

国家就是这样构成;统一稳定就是这样得到。

三

中国二三十年来,迄不得统一稳定者,究为何故?我的回答是:这就苦于社会形势散漫流动,缺乏阶级,难以形成统治。若问:中国过去不亦曾有统一稳定吗?那是如何得到的?我答:统一稳定,在过去历史上原不稀罕,但须知中国从来就不在"一般国家"范畴之内,它实非一种统治。这句话,并不新鲜,中国虽然少有人说,外国人倒不少说的(不论在昔在今)。我们声明过不多谈理论,这句话且止于此。历史上的中国,不像一种统治,或不够一种统治;但近百年的世界,则使中国要成一个国家才行,不成一个国家便不行。换句话说,必须构成阶级统治。于是在这一变化中,就失去固有的统一稳定,而新的统一稳定(阶级统治)又不成功。其不成功之故,正如上面我的回答。

中国社会形势之散漫流动,缺乏阶级,过去历史上只成一消极相安之局,未成积极统治之局,我在《乡村建设理论》第23—54页,有较详说明。自第55—135页,则进而论述其如何受外来影响,而致扰乱失序,崩溃解体。前后约共十三万余言,只有请读者去参看原书,这里不能征引。这十三万字,归纳起来:只是两个字:一个"散"字(从前老社会),一个"乱"字(近几十年来的社会)。散已难形成统治,散而且乱,将更难。读者只记着这两个字,也就够了。

中国统治之无由成功,最好与一般国家统治之所由成,对照来看:

中国的内战,中国的分裂,是和外国不同的。例如美国从前也有南北战争;英国亦有爱尔兰要求自治独立的事。但其性质,其事实内容,与我们显然是两回事。他们是社会与社会的冲突,而我们则是政府与政府的冲突。他们是这一方社会与那一方社会不合,而反映到政治上有分裂有战争出现。我们则尽你政府与政府开战,于社会并不相干。我尝说:如果许我说句不通的话,我们可以说,若将政府除外,中国国家原来是统一的。不过,当说国家时,没有把政府除外的道理罢了。因为我们亲眼看见,当南北战争时,全国各省教育会,还照常举行全国联合会,乃至全国司法会议,都还可以开。这在外国人无论如何弄不明白的了。……二三十年来的内战,哪一件是问题发生在社会的呢?可知中国之分,分于上;外国之分,分于下。

在外国,国家虽是统一的,而其社会则有许多不同的分野,此疆彼界,隐然敌国。这许多分别,或从宗教来,或从种族来,或为地域关系，或为阶级分化，或因职业联系，或因身分不同，种种问题多得很。大约最早的关键在宗教，后来的问题在阶级。所以背景来历，都不是很浅，利害冲突，每每躲避不开。生在散漫和平社会中的我们，简直意识不到其意味之深刻，情势之严重。中国人恰好与他们相反。谁和谁也不是仇敌；谁和谁也不是一家。没有不容避闪的冲突，亦没有利害一致的相联。说分不分，说合不合，此其所以为散漫。从整个大社会说，倒是雍雍熙熙大家怪和气的。尤其浸濡在中国文化的中国本部地方，人口尽管数万万之多，南北东西千万里之遥，大山大川的阻隔，旧日交通之不便，曾没有什么分裂离异问题发生。反观西洋，英伦三岛已经很小，而爱尔兰与英格兰还要分；爱尔兰已经很小，而爱尔兰与北爱尔兰还要分，简直让我们不可解。以中国之地面，以中国之人口，若搁在欧洲，不知分成若干国家，演成多少国际竞争。然在中国，竟是情感相通的一个社会而不分。此中消息，正应该仔细参详。

前说：中国之分，分于上；外国之分，分于下。所谓分于下，就是下面尽管有相抗衡相竞争的诸不同势力，而无碍于上面政权的统一。所谓分于上，就是下面尽管不见有此疆彼界隐然敌国的各方势力，而上面政权却不免分裂。不留心的人，一定以为外国内部没有什么分裂问题，只有中国才四分五裂。其实颠倒了。中国这种分裂浅浅地在表面，哪有外国内部矛盾的尖锐、冲突的严重呢？不留心的人，一定以为中国社会既然没有什么此疆彼界的分野，那国家还不应当统一吗？其实颠倒了。正唯其没有此疆彼界，融浑难分，所以没有成片段成形体的一方势力，可以为中心支柱，可以越居统治一面。（《乡村建设理论》第337—340页）

明白的说,只为武力缺乏主体,所以中国不得统一。武力是达到某种目的之工具,它总要有一主体来主宰之、运用之。按道理讲,国家是其主体,而事实上主宰而运用之者,则恒为一阶级。缺乏阶级则武力无处交代。因此,若干年来,武力之在中国早失其工具性,而变成以其自身为目的,为存在而存在。一个军队首领,不拥有一批军队,便不能有其地位;一大批军队,不拥戴一个首领,便亦不能自存。他们互相利用,共同图存,便需要一个地盘。这就是军阀割据的由来。凡说军阀即指自己握有武力者而言,外此皆不是。武力落于个人手中,是因为没有大过个人的一种势力(阶级或集团)具体存在,然个人不够为武力主体,可暂而不可久,遂尔扰攘不定。不晓事人的还在做武力统一的迷梦,其实武力统一中国不难,倒难在谁来统一武力呢?

四

据前两层,而论定中国达于统一稳定之道,好像在中国亦必须形成一阶级势力以为武力之主体,而后构成一个阶级统治的国家才行。——其实这不是对的。中国社会将从阶级之缺乏,径直渡达于无阶级的社会,其道即在调整社会关系以达于新社会的建立,却非要造成一不平等的社会关系(阶级统治),将来再求平等。阶级统治在中国是万万造不成的,因而其达于统一之道亦不在此。

我们要从中国的社会形势里,去发见中国问题的解决途径。大凡问题解决的窍要,就藏在问题里面,近在眼前,不必远求。那便是不求统一于上,而求统一于下。将外国统一的法子倒转过来，就是中国统一的法子。天下事情原来短处翻过来就是长处。这边走不通，就走那边。所谓求统一于下怎么讲呢？那就是求统一于社会。人家都说：国家统一则社会粗安；我们却应该说：社会统一则国家粗安。在外国是把上面的统一掩盖其下面的不统一。中国求那样，既不可能，就把下面统一起来，以统摄其上面的不统一好了。

中国社会不见此疆彼界的分野，并非联系为一体，而是散漫不成片段，反映在政权上，自然是分散的。对症发药，现在我们就是要从三点上用力：

一、要使社会从散漫进于联系，从矛盾转向协调；
二、要使社会形见其一共同意志要求出来；
三、要使社会有力量。

这三点是相联的一回事。必有一个趋向，一共同要求，而后得所联系，得所协调；而联系协调了，则趋向要求益以明著，形成一个意志。而果然联系形成一大意志，即是莫大之力量，无待更求力量。到得此时，则前此没有主的武力，便隐然有了主体，而自然归复其工具地位。——这便是中国达于统一稳定之道；统一稳定在中国只能由此得之。

我说这话，并非空抱希望，而是一一皆有办法的。不过要另成章篇，此处不能详论。今只提出三层意思来说，读者果得于此有所理会，则于解决中国政治问题之道思过半矣。

第一层，我们须知，在外国社会里，所谓其一方面的势力即是一方面的要求；强越的势力即是强越的要求，其国家之统一实即统一于此强越要求之上。要求是包括了痛痒、利害、欲望、理想等而言。譬如在英国,资产阶级的要求强越于其他,大家只有随着资产阶级走,于满足资产阶级要求之中亦相当满足其他众人的要求,这样就是英国的统一。又如在苏联,共产党的要求强越于其他,大家就只有随着共产党走,共产党在奔赴它的理想中亦给了众人许多满足,苏联便是这样的统一。这其中自不免有某些人的要求被拒却,被抹煞,那便管不了许多。究竟其政权背后有一部份人绝对拥护,有好多部份人相对或隐默地支持。就在这种拥护支持上面而得平稳,遂行其统治;同时它亦替他们作了许多事,尽了它应尽的一段任务。

　　第二层,须知中国今日就苦于寻不出一强越有力的要求掩盖其他,同时又说不上全国一致,而只见其散漫零杂,迷糊不真。此盖由过去中国人之散漫消极,又加以近年之乱而致。我曾痛切地说:"……使得中国人真成了人各一条心,彼此心肝痛痒都到不了一处。意见理解很难相通;其形势之分散,心理之乖舛,盖古今所不可一遘"(《乡建论文集》第 50 页》)。"如何得从痛痒亲切处条达出多数人内心的要求,而贯串统一之,是中国的生死问题。"(《乡建理论》第 365 页)一明朗有力要求既不可见,政权缺乏社会方面之拥护,只有多靠他自己的武力来支持;而愈靠武力,社会方面的痛痒要求乃愈以抑闭而不得申。无论在中国在外国,只靠武力,都是不能统一稳定的。近三十年间,政权者的武力太显耀,而社会上的要求不明不强,实为不得统一之由。其间亦有两三度极暂时的统一。例如在推翻满清之时,在推倒袁氏帝制之时,在国民革命军北伐之时;则正为那时各有一种强越有力的(或几于全国的）要求在也。当时那要求一成过去，则统一便难继续维持。此次幸得敌人入侵，激越我全国抗战要求，于是造成从来未有的统一局面，武力随即归复其工具地位，政府得举国拥护，正在尽其应尽的一段任务，真再好不过。但此只是临时对外的一要求，倘不乘机会作我所说的工夫，恐不可恃耳。

第三层，须知中国社会的重心，向来在社会而不在政治。历史上的中国，其政治从来是消极无为没有力量的，社会生活的进行从来不依靠它。有人因希望政治积极有力量，就羡慕极权国家（苏联、德、意）；此无异欲移重心于政治上，徒见其为妄想而已。我们今天自然要政治积极有力量，但此非可径直求之于政治者，必尽力于社会，始得收其效于政治。此在任何国家都是如此，而重心素在社会如中国者为尤然。假若我们想推动社会的进步（例如经济建设），倒可从政治上想办法；今我们要解决政治问题（求统一稳定），则只有反求于社会而不能乞灵于政治。

五

中国政治问题的解决，必如上说，在申张社会要求，统一国人意志，以为武力之主宰；而不在以一方力量压倒其他，施行统治。却是批判者所走分化斗争之路，刚好是要想形成其一方面的力量，以斗争制胜，施行其"以消灭阶级为意志"的统治。凡于上面所说有了解，皆可见出其错误与行不通。今再只说给批判者一句话好了。就是：斗争是要有此一方彼一方的势力，才斗得成，才斗得出结果来；浑融难分、散漫难收的中国社会，我保你斗不出结局来，只有混斗，永远混斗！

　　我在《乡村建设理论提纲》第十四条上说:"中国社会一向散漫流动,现在仍未形成阶级,即便倡导斗争,亦斗争不出来结果,结果乃指一新政权的建立。"又在《乡村建设理论》第 441 页上说:"共产党的作法,倒亦痛快,只是于大局无补——他们若建得起政权来就有补。"我为什么一口咬定他们建立不起来政权呢?他们在过去以至现在,不都建立了政权吗? 不错,政权何尝不是政权,然而达于统一稳定则不可能。统一,亦说不定有哪一天;然而一天两天其又何补? 总而言之,你们解决不了中国政治问题,你们恰走在问题解决的反面!

六　然则不问阶级立场乎?

统一稳定!统一稳定!说来说去,总是统一稳定,好像树立了统一稳定的政权(国权),万事都有办法。难道其阶级立场如何,可不必问乎?他将走向何处去呢?随他怎样干些什么事都好吗?——这仿佛是一个问题,须得答覆。

其实,凡于上来所论有了解者,这问题均不烦再解答,假使此一政权是武力夺取靠武力支持的,那么,其阶级立场如何,他将干些什么,真为我们所不能不关心,不能不过问的。然而像那样的政权不会统一稳定,早经论证明白。果为统一稳定的政权,即是理性申张、国人意志统一的结果,还有什么担心害怕的呢?论者如果有疑问,应当在我所认定的中国政治问题上,我所认定的中国统一稳定之道上,生疑发问;这些都承认了,则阶级立场一层,实不必更发疑问也。

今为读者明了起见,对此问题,更为置答如次:

为何对于新政权的建立,只注意其统一稳定与否,而不问其阶级立场呢？答：因是民族问题涵盖了阶级问题。中国革命乃为世界潮流国际侵略所引发之文化改造民族自救，初非社会内部矛盾所爆发之阶级斗争。所有其民主政治之要求，建设社会主义经济之要求，皆发于文化改造，而企图为民族新文化之建设。于此，民族问题涵盖了阶级问题，所期望于新政权者，就是来完成这段任务；这段任务的负担完成，并不须从一阶级立场出发。而只有能负担完成这段任务者，能得统一稳定；真得统一稳定者，必是他能尽他这一段的任务。因此，所以只要问其统一如何，不问其阶级如何。所谓新政权之新，从统一与否为断，不从阶级立场如何为断。

为何对于新政权的建立，只注意其统一稳定与否，而不问其阶级立场呢？答：因是统一于下，而不是统一于上。此请看前论"中国之分，分于上，外国之分，分于下"、"中国应求统一于下，即求统一于社会"各段。中国国家的统一不统一，全看能否形著而且保持此大社会于统一的一个立场之上。既然全社会保持在一个立场上，安得更有阶级立场之说！

又统一于下，是重心在社会，偏靠于理性相喻，与偏靠于武力强制者不同。偏靠于武力，不免有许多要求被拒绝被抹煞；而此则正建筑于多数人痛痒要求的宣通修达之上也。它天然是革命的，而不能是反动的。就中国社会说，是反动不是反动，即决于是武力统治不是武力统治。是武力统治都是反动，纵然它自命是革命的。掉转来，理性申张达于高度，更不虑其倾向反动去。立场问题不是不要紧，而是包含在统一问题内得到解决。统一于下之"一"正指一立场或一趋向而说。本来在一大社会内，各有各的立场。散漫而流动的中国社会，就是立场分散而相差不大，又且变易无常，难于把握得定。又感受国际刺激的压迫，民族问题紧切，亦难于从各自立场来说话。因此不论是真的是假的，在政治上发言总是站在整个民族立场。但除了像今天强敌压境，有共同对抗的一个目标，能以形成一统一的民族立场外，平素是不能的。在平素，其问题仅止于刺激中国人发生救国运动，至于如何救国，则从各自背景立场而异其见解主张，意志并不能统一。抑且此种不相背反（同欲救国）又不一致之立场主张，最表见散漫微差性；此种在宽泛邈远目的下为其一种方法手段（如何救国）之立场主张最表见流动不定性；全不似从阶级问题而来的立场主张之简单明切，一贯不移。而各以武力求申，互相凌轧，就使得中国无法统一稳定而陷于翻覆混乱了。所谓统一于下，就是形成一个简单明切一贯不移的立场主张，俾前之散漫微差流动不定者归于统一稳定。其云统一，正是确定立场之谓。

更且可以声明一点，此确定之立场固然不好说是阶级立场，其实正非没有阶级立场在内。因为他固然是统一整个民族的立场，而趋向在建造平等无阶级的新社会，自今日社会政治上经济上处于不平等地位者言之，不是正站在他们的立场吗？今日阶级分化不著，非全无阶级问题，第以阶级问题随民族问题之解决而解决，故不说阶级运动而说民族运动，不说阶级立场而说民族立场耳。

现在所难，就难在如何形成一个民族统一的立场。此民族立场，当其对外时原不难统一；不对外而对内，就难了。但不是不可能。试看下文。

七　此大社会如何得统一？

一

我在《乡建理论提纲》上，曾说："乡建运动即中国社会统一运动"（第三六条）；又说："乡村建设运动，异于过去一切维新运动、革命运动、救国运动而独能统一中国。"（第十九条）因此，论到"此大社会如何得统一"，乃正是说明我心目中的乡建运动了。读者读此，乃可明白我一向的用心所在。

在一国之内，恒有许多不同势力，例如：不同阶层、不同种族、不同宗教、不同职业、不同乡土、不同党派，以及从性别年龄等所生之差别。此种种不同势力，共生息于一国之内，一面既互相依存，一面又互有参差矛盾，以至甚尖锐之冲突于其间。凡此，我们总括之曰社会内部形势。我们前曾有言"外国之分，分于下"，意即指其社会内部沟界深刻，壁垒严整。欧美日本大多如此。于此而言社会统一，怕是不易，怕是要经过暴力革命，再经过一种"以消灭阶级为职志的统治"，才得归于统一。"社会统一"，在尚未消灭阶级的今日，怕只有中国才可以作此企图，且亦非作此企图不可。此其所以可能，基于下列几要点：

第一，这里所谓统一是有限的，不过为了求政治上统一起见，而从社会统一入手，其所求止于使政治上得统一为已足，并不要求其他。譬如我们政治上从来的纷争，原不在（汉满蒙回藏）种族间，更不起于宗教问题，所以尽使种族难统一，宗教难统一，在我们却不须费力于此（一般地说，种族宗教尽有不同，却少矛盾，处兹国际形势，更多相依之情）。

第二，社会矛盾之最大者，原为在经济上恒各异其立场之不同阶级或不同职业。然此在中国恰最弱减。此由于旧日社会之散漫流动，至近若干年，又格于工商业之不得发达，而分化不著（此条更有申论于后）。

第三，于某一地方，种族宗教或颇成问题，而影响政治（如甘肃），又于某一地方，阶级（业佃间或资劳间）利害无法调和，皆为事实所有。但中国社会实在太大，此某一地方某一地方者比例上所居甚小，纵然影响于其地方政治，却不足以影响到整个国家。

第四，中国今恰在国际侵略压迫下，和政治经济教育种种落后的相形之下，而非平时。平时外面无问题，则内部问题虽小亦显得大。现在外面问题严重急切，内部问题虽大亦小。况原无何等问题，自不难由此严重急切的民族问题形成一个民族意志也。

第五，除上说社会形势不同外，还有社会风气亦不同。西洋近代的人生，以欲望为本，而利害是较；凡事站在自己的立场，与对方相争（所谓权利观念）。其习俗心理如此，求为调和沟通自有未易。中国人的风气刚好不同。凡在彼恒出以人与人"相对之势"者，在我莫不寓有人与人"相与之情"、伦理之义，互以对方为重；几于舍自己的立场而以对方的立场为立场（父亲要替儿子设想，儿子要替父亲设想）。是非观念，廓然大公，则几于超开一切立场。从来未闻有以斗争为道者，却另有一套克己、让人、学吃亏的哲学。凡此于减少社会矛盾，求得社会统一，恰都为助非小。更且从过去士人在旧社会结构中所尽的作用，到今日知识份子在新社会缔造中所尽的作用，均足以发挥这风气的力量。

二

此大社会——中国社会——如何得统一？前举五点，略言其有可能，兹当确指其实现之途径。此途径即在中国恰有当前严重问题可资把握。在这问题下，人人无所逃（不问其意识到与否），急切需要一个方针来应付来解决。这一个方针果真拣定，而行动起来，此大社会不是就统一了吗？所谓统一者，不外统于一个方针。方针是为了行动，行动是为了问题，故把握问题为第一着。

中国当前问题是什么？从它自身说，是如何求得民族出路。从它所负人类的责任说，是如何完成自近百年世界大交通，东方老文化与西洋近代文化相逢以后，所应有的大创造，而为人类开其前途。形式上只是国际竞争中一民族兴亡问题，骨子里却是人类历史文化大转变问题。我们先莫说远了，然而民族的出路，亦非从其民族文化的转变创造求之不可。我从来尝用"文化改造，民族自救"八字，近来又习用"民族解放，社会改造"八字。"民族解放，社会改造"八字是用得的，但莫误以为两个问题，而应知其为一个问题的两面。——对外求得解放，对内完成改造。今日说的"抗战建国"即是民族解放、社会改造的省文。此大问题一天一天严重，到最近几年以敌人相逼太急，乃凝缩到抗日这一点上。问题凝缩到一点，人心自亦随之集中，而同时方针亦易见，亦且要求速快，那亦就愈易得统一。但这样的统一，却不可久。因此，我们要把握的还在那大问题上。

中国人感受问题的煎熬，无日不求应付之方，解决之道，几十年来各种运动先后代起，或同时并起。无奈这问题方在逐渐揭开，未见究竟（文明天天在进步，潮流天天在转变，国际形势亦在变化转移），其势亦只有枝枝节节应付，不能得其要领。上次世界大战后，二十年的演变，这问题大致已可认识把握，而我们的根本大计亦到了非确定不可的时候，乡村建设便是从这问题里面觑定的一个方针。它以它正确性，在这个时候能有统一国人心志的效用；亦可说，正惟其能实现此大社会的统一，所以它才是一正确的方针。以下将指出它这伟大的效能。

三

乡村建设运动有使此大社会意志统一的效能，今从经济上和思想上两面说明之：

（一）经济上，中国原为一大农业社会，近百年来受西洋影响，虽走向近代工商业，走向资本主义，而以连年动乱，徒见旧的崩溃，不见新的成功，故一切矛盾（都市与乡村，农业与工商业，生产者与消费者，资方与劳方等）不著，而工商百业仍依托于农业，都市仍依托于乡村。所以前几年（十九年到廿四年）农业生产力大被破坏,乡村购买力随以降低;国际贸易出口入口相牵的急剧减退,影响百业,牵动全国。救济乡村的呼声,不发于乡村而发于都市。此时最先感觉到问题而着急说话,实为上海金融界。而二十五年这一年,全国农产丰收,农产价格又不坏,工商百业立见起色,如响斯应。了解这形势,抓住乡村不就是抓住全社会吗?因此,乡村建设的主张,非唯从乎农业的立场,乡村的立场,抑并顺乎工商百业的要求,都市的要求。舍此而外,你断亦寻不出第二个题目,可以有同样的效能。

乡村建设运动在大社会中有它的立场,在大问题上有它的方针;然而此一立场,此一方针,却能将社会各方面的要求为一最大综合;——在综合上它能达于最大可能之度。

(二)乡村建设不仅能为一时的综合而已,尤要的是能维持此综合而更调整发展之。社会的矛盾在经济不进步时,还不大,亦不尖锐,而总是随着经济的进步大起来,尖锐起来。乡村建设在此处正好是提供一条路线,使中国社会的一切矛盾参差在建设进程中趋于解消,渐即调整,最后完成一体性的理想社会。这其中并无勉强,亦无神奇,只在把握一个要点:从农业引发工业,而不要从商业里发达工业。其详可看《乡村建设理论》,这里却不及说明。

乡村建设不是别的,就是抓住此大社会可能统一的一点端倪,而有计划地发展之,以达于社会一体性的完成。

(三)乡村建设运动在思想上,只有倾向可见,没有独创的主义,亦没有一定的信仰。说来颇觉笑话,然而此自有由来:

第一,乡村建设原是随着两度革命破坏之后,亟求建设新社会的运动；在思想上大致跟着革命潮流走。而中国革命恰又似追从于世界潮流。这实在是间接又间接，哪得清楚坚确的观念，只有倾向可见罢了。

第二，中国革命殆为汇合许多革命为一革命的。其间问题盖不止一端，潮流盖不止一度。于是种种思潮和其思潮过后的批评，都汇于近年的中国，拣择甚难，消化不易，除极少数人外，大都茫然无措，委心任运而已。乡村建设运动者，大抵是些沉着肯用心的人！他们在少数激进者之后，而在多数茫然无措者之前，大抵属于开明前进一流，不违于潮流风气，此外难确言其如何如何。

第三，乡村建设运动，是应于时势需要，由南北各处先后纷起，致力于乡村者之总称。他既不起于一个人或一派人独创的领导，苟非经慢慢地淘汰与融合，不知不觉归一，固不能举一家言以概其余。这样，今日亦只能说到他们思想上的倾向而止。

然正以其尚在不断拣择消化之中，未曾凝固，是以可能宏纳众流，形成时代思潮一大综合。凡倾向相同（例如政治上倾向民主主义，经济上倾向社会主义）的人，虽思想不一致，尽可一同致力于乡村建设。十余年来，事实上就是如此。因为社会的建设与进步，原是人人所求；乡村建设从社会基层以求普遍进步平均发展，更谁不赞成？其思想各色都有，正是大社会的反映。

（四）乡村建设不仅能为一时的综合而已，其前途将更能综合各方思虑意见，而俾其归于一辙。此其所以然，有三点可言：

第一，致力于乡村，即切近事实上去求办法。事实只有一个，办得通就是办法，办不通就不算数。不标榜主义是关了彼此分争之门；切近事实去工作，是开了彼此归一之门。此两门之一关一开,前途便大大不同。许多思想上的争论,常常是名词之争,意气之争;愈争则愈争,要想以意见消灭意见,是做不到的,只有以事实消灭之。

第二,中国过去一切运动多出于模仿外人,在思想上为被动的。但受事实的教训,终不能不启其自觉之心,乡村运动实发端于此,而为国人入于自觉自动之第一步。今后我们将慢慢寻出其自己所应走之路,是无疑的。又自外界言之,世界潮流变化大致可睹,亦无更新鲜的可使我们再被动了。思想落于被动时,自纷然多歧,渐渐离开被动之后,便可彼此接近沟通。

第三,中国社会本来缺乏相对的两面,然政府与社会,社会与政府,却不免两个立场隐然相对。大家同在社会立场,彼此情意容易相通,一旦分属两面,每每便生隔阂。乡村建设运动将始终守定在野地位,不拥武力,不操政权(孙中山先生所云治权),俾与此大社会气脉相通,而保持一致。这不但可保持与大社会的一致,抑亦免于彼此生意见,乃至许多思想的问题,都可因立场的一致,情意的相通,而日益接近归一。

总之,此大社会之得统一,要必出于其形势之自然,而不容以强力求之(强力求得便属政治的统一,非社会的统一)。乡村建设正是此自然形势所在,吾人又从而有意识的顺成之,则事无不成。

四

上面从经济上和思想上,指出乡村建设这条路,有让此大社会趋于统一的效能。兹为谨防弄错,并为指示为何求统一,要说一段要紧的话：

思想或哲学或主义，虽家人父子夫妇亦没有统一的必要，而且各人存在心里亦统一不来，何况此大社会呢？所以我们并不求思想统一，不要弄错。还有痛痒利害亦是在各人身上，因人而异，万般不齐，不能统一的。偶然一时利害相同是有的，我们却不能使之统一。这亦不可弄错。然则我们屡言统一又何谓乎？这就是对于近在眼前的利害而言，那较远大的理想目标（例如建设平等一体的社会）却非不可统一者；又对于幽渺抽象的思想而言，那当前实际问题上之具体办法，却又非不可统一者。因为眼前利害不同的人，尽可同意于一个较远目标；哲学思想不同的人，尽可同意于一个具体的办法。我们现在就是须要一个较远目标，和顺着这目标去许多实际问题之具体办法。有的须要现在早决定，有的则逐渐前进，逐步决定。换言之，即是须要一个大方针，和大方针内的许多小方针。方针是为了行动；行动是为了问题。问题须要行动；行动需要方针，此外都不须问得。思想相接近，利害不冲突，其行动的方针自易于统一，原无疑问，但这是我们求统一所须凭藉的形势，却非我们所要统一者。

明乎此，而后统一庶几可求。

五

最后我们从过去三十年间中国的统一问题研索一番，将使我们更有所悟。过去三十年间，中国曾有过三度统一：一在推翻满清初建民国时；一在推倒袁氏帝制恢复共和时；一在国民革命军北伐完成时。试看其所以能得统一，都是那当时社会上有一种强越有力的思潮或要求,使此庞大散漫的社会不觉其庞大不觉其散漫,而觉其生动有力,浑整不贰;于是从社会的统一,反映成政治上的统一。然而统一一时,转瞬又不统一了。所有三度之统一皆如此,这是何故?无他故,即当时社会的统一有神而无形,又不能持续故耳。我有如下的分析:

　　一、一种思潮要具体化——成为具体的要求,具体的运动——才得明朗有力。

　　二、一种要求或运动,如果只在有所排除反对,则不免为一时性的,不能持续长久。

所有那三度统一,诚然都出于当时思潮的具体化,却惜只在有所排除反对上明朗具体(排满倒袁除军阀),其积极的一面(正面)或尚为思潮,不够具体,或一落具体便此分彼异,不能统一。因此,统一只得一时,不能持续。还有:一种思潮或运动与武力结合起来,格外显得有威灵,过去三度之很快得到政治上的统一在此。然武力之为物,妨碍理性,招致隔阂,方其政治上统一成功之时,社会的统一却于此失败。而不知道在中国(外国不必然)失掉社会统一之时,政治上的统一亦即不能保持了。

今日我们的乡村建设运动如何呢?它继承了两度革命的思潮,而正好为具体的要求,积极建设的运动。尤其要紧的,前此一切要求,一切运动,没有直接发于经济问题,或归于经济问题的,以致与此大社会缺乏亲切实际的干联,实为过去一大缺憾。唯这一运动,不特是积极建设的,而且彻头彻尾切切实实要解决社会经济问题。于此所唤起之社会意识的统一,最深切实在。当经济上一明朗有利的要求为大社会所共持，这大社会便真的统一了。而且经济影响政治，最快最有力。一个政府之能存在与巩固，必为他对于那时社会的经济生活尽了其应尽的任务。否则，他不能存在与稳固。所以从这样的社会统一，映现出政治上的统一，当为过去所不及。

过去总是一种思潮或运动与武力结合起来，而内涵不涉经济；今则以经济为内涵，却不要武力。这一不同，却不同的甚大。这样将永站在社会立场，巩固社会的统一，而后政治上的统一乃能树立而维持。

此外，最要紧的一着，过去只有社会统一之神，今将并有社会统一之形。乡村建设是运用广大无量的知识份子来作普遍深入的民众运动。从事于此运动之知识份子间互相有联络结合，而一切民众亦于运动中都联系起来，这是过去一切运动所没有的。不但此也，乡村建设的用意那在建设社会新组织，以达于社会一体为目的，与过去一切运动别有目的者不同。所以乡村建设一上手，便求着将此大社会联系为一体，顺着进行去，直到完成平等一体的新社会为止。说"社会统一"这才不是空口无凭了。

乡村建设运动大联合是我从前所设想的，今日不一定采这方式。我近来主张确定国是国策，形成党派间的大综合体，以为此大社会统一之方案；然后藉以映现政治上的统一，其用意正同。此不详说。

八　批判者的错误究在哪里？

批判者的错误，可分三层言之：

　　第一层，他认我们为错误之错误；

　　第二层，他自己走错路之错误；

　　第三层，他致错之由。

今依顺序逐层言之。

一

　　第一层他认我们为错误之错误。此当先从我们没有错误说起。他所认为我们错误的，在忽视帝国主义和他所谓封建势力之两大问题。我们于此并未忽视，已于前《答乡建批判》之一《打破现状乎？维持现状乎?》有所证明了。但只是举旧日发表的文字为证，证明不曾忽视而已。还没有说明我们于此两大问题，究将为如何应付，如何解决。现在可以来说了。

头一个帝国主义的问题如何呢? 这问题的应付解决,总不出外交和军事两路。不论侧重哪一路,都须要自家政治上有办法才行;所以树立统一稳定的政权,或说树立国权,实为第一义。国内分裂扰攘,就无法应付国际环境,这是最明白的事。但中国政治如何才得有办法呢? 我们认为最难最难,因为整个社会在根本崩溃中,政治上无办法,只是其见症于表面者。治本治标都必在乡村建设运动。乡村建设是看清楚问题已达于根本,而从根柢上重新建造社会组织者,是为治本(中国政治问题之根本解决);同时乡建运动又为眼前使国家统一稳定的唯一途径,是为治标(中国政治问题之相当解决)。治本之义,本文中不及谈。治标之义,则自《答乡建批判》之三至七各段,具有说明。所有我们用心于求国内统一稳定之处,即是我们用心以求应付国际侵略之处;不过不将"反帝"的话常挂口边耳。请看我当初论经济建设末后的几句话:

> 时下论坛,一提到中国经济问题,有最爱说的一些话:一是极论中国土地分配不均,妨害如何之烈;一是痛数帝国主义如何侵略压迫,只有推翻它,才有办法。在比例上他们说的最多者,恰是我在此说的最少者。这里并没有什么一定的偏见,大概是我感情放得太平静了些,没有各位先生那愤懑激昂的情绪,不由得话便少了。更其是我专从解决的办法上设想,那没办法的话,就置之不说。

> 国际问题谁又能看不见呢? 在举世闹着倾销问题,互相以邻为壑的时候,他们一国一国都竖起关税壁垒,然在中国境内不独设有关税壁垒,倒有外国的领事裁判权、国内设厂

权、内河及沿海航行权、租借地、割让地、势力范围等。这许
多的枷锁不除去,工业生产又如何能振兴? 还有适才说到为
工业根本的那些资源,如煤铁石油等,本不丰富,乃竟大部
(尤其铁之一项)被窃夺于日本。假使不收回,中国简直无
法谋工业建设。所有这些问题如何解决呢? ……要紧的是
在调整内部关系,以树立应付环境的根本。(《乡村建设理
论》第 441 页)

"要紧的是在调整内部关系,以树立应付环境的根本",这是
我们用心之自白。

我曾反对以帝国主义为革命对象的说法,见《中国民族自救
运动之最后觉悟》第 181—186 页,原文甚长,不能全引。我不主
张用急进的强硬手段对付它;因为事实上不可能。原文指出革命
军天天喊着"打倒帝国主义",及至遇着它,又赶紧回避不趋(民
十七八年);其知难而退,盖正以有知易而进者在。即是对帝国
主义者还有运用外交一路可走。从革命不革命事属两可,便证明
分际不到:我还不到被统治的殖民地,他不算革命对象。武力反
抗,既属不智,亦不正确,亦不可能。乃至以经济不合作来反抗
他,亦难作得到。原文举十六年在武汉的事为证,并有说明。我
相信中国必有统一稳固的政府,其中有本领的外交家政治家绝不
走这笨路;没有统一稳固的政府,没有好外交家政治家,而走这笨
路,更是偾事而已。

然而切莫以为我是不敢设想反抗帝国主义的:

我非想避免国际战争;反之,我深信在经过国际大战后,

这些问题（指许多不平等条约及日本夺我煤铁）大半都可解决。（同前书第 441 页）

我们情知战争不可避免，更深信要经一番大战，一切问题即可解决。对于这一战争的准备，我们早有下列的认识：

在我认为：中国不应当在如何摧敌处着想，而应当在如何让敌人不容易毁灭我们处着想，乃至在我们被毁后如何容易恢复上着想；尤其要紧的是在调整内部关系，以树立应付环境的根本。但所有这些功夫将怎么作呢？那就是当下讲的乡村建设。乡村建设是我们在国际大战前最好的准备功夫！聪明人自会领会我的话。（同前书同前页）

所说不要在如何摧敌处着想，盖指要在持久消耗上着想。其云让敌人不易毁灭我，乃至虽毁而旋毁旋复，则持久之道也。如何得不易毁灭，乃至旋毁旋复，则指民众组织之牢韧力也。是所谓最后决胜寄于全国之乡村也。其详于抗战前在成都为《如何抗敌》一讲演言之。其尤要在调整内部树立应付环境的根本，则今日团结统一之说也。乡村建设于上能收协调统一之效，于下能尽组织民众之功，如何不是大战前最好的准备？我们对付帝国主义的用心，如何能说错误？

再一个，他们所谓封建势力的问题，内容即指军阀、土豪劣绅、土地问题等。军阀问题前边言之已详，我们用心最多的就在这问题上，稍留心者皆见得出。中国国家的统一，亦即军阀问题的解决，我敢自信舍我提出的道路，更无其他。请留志此言，以俟后验。不过我不说作封建势力，亦不标榜打倒军阀耳。土豪劣绅

问题,另详他篇。对于土地问题,我们所怀抱的,亦曾一再自白:

> 常有人怪我们不大爱谈土地问题。土地问题怎么谈呢?问题哪个不承认?要紧的是在有办法。办法亦不难想,要紧的是谁来实行。要知土地问题,问题却不在土地,而在人与人之间。只有分散杂乱的个人意识,或其较大意识,而没有一社会整个意识;只有分散杂乱的一些势力,而未得其调整凝聚之一大力量,这是问题之所由来。若不略略形成此意识此力量出来,而只是你谈我谈他谈,究竟没有负责的,又有何用?所以我们认为调整社会关系,形成政治上统一力量,为解决土地之前提。(《乡村建设理论》,第411页)

> (上略)第一个条件,自然是能负责解决土地问题的政治力量。有了这个,方能从法律上设为种种限制,裁抑地主,终使其土地出卖;而同时奖励自耕农,保护佃农。有了这个,方能建立完整的农业金融系统,从长期金融贷款于农民以购地。其他方法种种甚多,而移民垦殖亦是一要着。凡往者丹麦、英、德、法等国创设自耕农之法,中欧东欧各国土地制度改革之经过,均足为参考。而不论什么方法实行之前,总要清查地亩、清查户口。在户籍地籍无从稽考、一蹋糊涂之今日,实在什么都谈不到。大约总须这些前提条件有了进步,事实日见清楚,才好想办法。办法亦是要一边想一边作,一边作一边想,才得切合实际而生效。此时空谈无益。(同前书第414页)

土地问题非用国家权力不能解决,这怕是各国所同。然却不是任何一个国家的政府皆能负责解决土地问题。因为必须他感到这个问题，而要求其解决才行。唯有中国国家权力之建立，于此大社会痛痒要求之申达，所以他将是具此要求，又具此力量的。我们为代表大社会的痛痒，原当为土地问题而呼吁，不过为顾及他方面的不安和受人猜忌，说话又不得不慎重。我们要走调整协和之路，是没有不惜走分化斗争路者那样爽快的。我亦曾自白：

> （上略）至于共产党的做法呢，倒亦痛快，只是于大局无补（按此于大局无补的话今天可以证实了）。反之，我们不但不那样作，而且近于鼓吹乡村内部斗争的话，我们正极力避免。无益的话不说，没用的话不说，我只是想怎样建立那确能负责解决中国土地问题的政权。（同前书第441页）

归结来说，凡我们用心于解决中国政治问题建立国权之处，即是我们用心以求早点解决土地问题之处，正未尝放松。

以上证明我们没有错误，而批判者认我们为错误，实属他的错误。

二

第二层，他自己走错路之错误。他哪一步走错呢？他要求解决帝国主义和他所谓封建势力两大问题错误吗？不错误；或者说：大致不错误。他本着这要求而努力，错误吗？亦不错误。然则是否帝国主义和封建势力打不倒呢？亦非打不倒。那么，错误何在？错误就在以这两个口号为标榜，过分强调这两个口号，而不顾其他。

大声疾呼,标榜着打倒帝国主义,其实并不能实行;果要实行,却不必标出口号。以此为号召而图建立政权,恐为国际环境所不许。且恐以虚声而取实祸。许多国家都要赞助日本人来安定东亚,那却不得了。昔人云:"说的不作,作的不说。"好说的人亦只是说罢了,到他真来实行时,还须收起这口号才行。

再则如批判者所说,农民组织必须以反帝反封建为其主要任务,怕只是不行的。"反封建"有时或于农民感觉到亲切;但他却不能放下锄头,跟从你去打倒帝国主义。我们认为农民组织要在社会进步中(经济进步文化提高)培养起来;而批判者之意,似要从斗争中锻炼成功。某种适当的斗争,亦许为锻炼农民组织之所需,但我却虑口号标出,声势虚张,未及斗争,先受摧残。如其说:摧残正好斗争,那就是战斗了,如过去湖南江西之所为,社会一切不得长养进步,农民组织未见能确立也。——农民组织的确立,还要在其实际生活之积极改进中,大社会的普遍进步中。

说到此,我们可以指出批判者的错误,实在其要走分化斗争的路,来解决中国问题。其标榜这两个口号而强调之,正是分化斗争的先声,正从那条路而来。他们将首先斗争于乡村内部,从而建立大社会斗争的壁垒,更从而建立一种阶级统治而作国际斗争;以此为农民解除枷锁,为整个民族解除枷锁之道。如他们错误就错误在这里。这里是躯干,旁的是枝叶。

他们这条道路的错误,上来各段文中已有论证,要点就在他们不能解决中国政治问题;而不能解决中国政治问题,即无由对外求得民族解放(帝国主义问题),对内完成社会改造(封建势力问题),中国问题依然一毫未动。所以其错误现在无须再论。不过其致误之由,究在哪里呢?

三

第三层,论他致误之由,却亦简单,他这条分化斗争的路,原是一般革命的路;他致误之由,就在将中国革命和一般革命没有分清。

中国革命和一般革命有何分别? 如果不嫌我杜撰名词,则我愿为如下的说法:

> 一般革命是机械性的问题,为机械性的解决者;
> 中国革命却似问题出于理性,需为理性的解决。

这话自须加以解说,才得明白。一般革命,大抵由其社会内部矛盾爆发而来。此矛盾之两方,自然都是其社会中之两大势力。其势力之形成和其矛盾之形成,皆有莫之为而为者,卒至无法转圜,于是就谓之机械性的问题。当其革命爆发,一方武装暴动,一方武力镇压,两相撞击,前者卒将后者撞倒而问题以解,于是就谓之机械性的解决。对于异族统治而起的民族革命亦属此例。中国革命则为国际侵略世界潮流所引发,而不出于其社会内部矛盾之自发。同时又未到被异族统治的地步。是原未构成一机械性的问题,自不适用机械性的解决法。至其如何为问题出于理性,又如何为理性的解决,则另为一文言之于后。

九 中国问题决定中国出路

一

中国问题，何以谓为出于理性，而非机械性的问题呢？此即为中国革命非由社会内部自发的，而为国际侵略世界潮流所引发，意识之觉醒先乎事实的逼迫，形势上与一般革命根本两样。欲明此义，应分四层言之：

第一应明白：中国文化盘旋不进，入于停滞状态者已千余年，历史上只有一治一乱之循环而无革命。旧著《东西文化及其哲学》和《中国民族自救运动之最后觉悟》两书，皆极辨世俗对于中国文化停滞不前误混为迟慢落后之非。

我可以断言，假使西洋文化不同我们接触，中国完全闭关与外间不通风的，就是再走三百年五百年一千年，亦断不会有这些轮船、火车、飞行艇、科学方法，德谟克拉西产生出来！（《东西文化及其哲学》小字本65页）

　　中国数千年文化与其说为迟慢落后,不如说为误入歧途。凡以中国为未进于科学者昧矣谬矣！中国已不能进于科学。凡以中国为未进于德谟克拉西者昧矣谬矣！中国已不能进于德谟克拉西。同样之理,其以中国为未进于资本主义者昧矣谬矣！中国已不能进于资本主义。(《中国民族自救运动之最后觉悟》,第 97 页)

这问题甚大,原书辨之甚详,恕不具引。只有一治一乱而无革命,正由文化盘旋不进一贯下来,却在《乡村建设理论》谈之较详,见原书第 23—46 页,《中国民族自救最后觉悟》第 78—87 页亦特论之,均请参看。明白这些道理,然后乃晓得中国社会内部自始缺乏机械性的问题,竟无从有自发的革命了。

　　第二应明白:六七十年来中国维新革命的历史,则于其革命非由内在矛盾而实由外面引发之历历情状,自可看出。所谓外面引发,具有三义:

　　一、受外面的压迫打击,激起自己内部整顿改造的要求;

　　二、领会了外来的新理想,发动其对固有文化革命的要求;

　　三、外面势力及外面文化实际地改变了中国社会,将其卷到外面世界漩涡来,强迫地构生一全新的中国问题。

(《中国民族自救最后觉悟》,第 209 页)

因为问题不在内,所以不是阶级性的,亦即不是机械性的。因为问题自外来,所以是民族性的。虽曰民族问题,然以未受异族统治,便不是机械性的。中国人于其固有政治、固有经济,初未必到了不能忍受的地步；其所以成为问题，实出于文化改造、文化提高之意，并有不得不改造、不得不提高之势在。故与其说是政治问题、经济问题，毋宁说是整个文化问题。又从固有政治改造到民主主义的政治，从固有经济改造到社会主义的经济，为此革命要求者，与其说他势逼处此，毋宁说他头脑较新。其不赞成的，亦正非其势所不得不然，而宁由于耳目心思之有所蔽。

第三：从上两层，故中国革命的动力寄于先知先觉，仁人志士；而事实上恒以留洋学生为主。中国革命领袖孙先生必生于澳门，长于香港，而不出于内地；中国革命同盟会在东京开成立会，独缺甘肃人；中国革命人物多出于沿江沿海南方各省，革命势力且必以广东为策源地，似皆由问题所决定而然。若于此以一般革命之阶级眼光求之，便大误。

> 一切劳苦群众但有工可作，有地可耕，不拘如何劳苦，均不存破坏现状之想，除非他们失业流落，或荒唐嗜赌，或少数例外者。然即至于此，仍未见得"绝对革命"；投身土匪或投身军阀的军队，或为窃贼，或为革命先锋，在他们是没有分别的。这就因客观事实没有明白摆出来，叫他革命。本来人们初不必了解"革命"这名词，而要在社会客现事实明白摆出来他的前途应在哪里求，自尔走向前去。其奈可怜今日的革命方向——本应该简单明了客观存在，不待宣诸口而已喻之于心——乃纷纭聚讼于学者笔墨间，连篇累牍，还在辨认不清，莫衷一是。蚩蚩之氓，更如何知道走向哪里去呢？曾见某君论文有云："中国许多劳苦群众，虽受了帝国主义和封建势力的压迫，以致流离失所，然而他们并不感觉谁是他们

的死对头,何处是他们的出路";此言甚是。(《中国民族自救运动之最后觉悟》,第 177 页)

我们现在可以看出许多先生呆笨地想从农工、无产者、被压迫者,寻求中国革命的动力之错误。在他们设想这些人都是在政治上经济上机会最不好的;则要起来推翻现状,求政治上经济上机会平等的,必是这些人。他们殊不知:

(一)散漫流动又加混乱失序的中国社会,其政治上经济上机会之不等,非限于阶级大势之定然,顾落于个人运际之偶然;个人自求出路于现状之中,较诸破坏现状为社会谋出路容易得多,"非革命不可"的形势造不成。不要说他不革命,革命了,他个人稍得地位机会,便留恋现状而落于不革命或反革命去。

(二)在大势上定无好机会者,则唯穷乡僻壤蚩蚩无知之人。可以说,在中国现社会受压迫剥削最甚者,即于知识智力最低者。他不但没有新知识而已,同时他大半是离开外面世界最远者,陶铸于旧习惯最深者。他不动则已,动则为翻转回去的动。天下岂有问题中正主人,其解决问题的方向,走向反面去者? 与其认他为解决中国问题的动力,不如说他正是中国问题的对象;前所谓文化改造民族自救,其功夫正要在他身上做也。(《中国民族自救运动之最后觉悟》212 页)

然在问题中感受压迫虐苦的多数人,实为解决此社会问题之潜伏的一大力量,要为革命的知识份子所必凭藉,却无疑问。不过他是宾,不是主。

　　主与宾何由定？方向在谁身上，谁是主；从乎其方向，来完成其事者为宾。（同前书 214 页）

　　在问题简单而决定的社会，凡在问题中人于其方向所指，不必宣之于口而已喻之心。此时社会上大抵是两方面：一面要维持现秩序；一面非破坏现秩序不可。所谓知识份子思想家者，不过于此时供给一套否认现秩序的理论与建设新秩序的理想，其破坏现秩序之革命基础力量，别有在而不在他。新秩序之建设完成虽亦要假乎有头脑的知识份子才行，然而方向之决定不在他。于此际，知识份子是宾，不是主。（同前书第 211 页）

　　于此，可以打个譬喻：一社会知识智力之士，是其社会头脑心思之所寄；社会众人离他不得。一个人的行动，虽无不经过头脑判定而身体活动出来，但方向有早决定于体内者，有待决于头脑者。唯社会亦然。西洋革命往例，好像一个人饥俄或干渴的问题先发自体内，而头脑为之觅饮求食。虽问题的判明与如何活动无不经过头脑者，而方向固已早决于体内，且上达于脑，头脑不过从而映现于意识完成其事耳。饥一定求食，渴一定求饮，无容商量。现在的中国革命，好像一个人病了，身体内种种不适，而头脑为之觅药求医。此时问题的认取——病在哪里？解决的方向——当吃什么药？一待头脑慎明辨而后决。其至身体初时尚不爱吃这药，待服下去后，方感得好。是则头脑决定方向，身体从而完成其事，比之前例，主宾互易，正自不同也。（同前书第 214 页）

事实还不到，而革命的方向先从意识上决定了；所谓问题不出于机械而出于理性即指此。事实是自家的（数千年历史演下来）；意识是外来的（感发于世界潮流）；革命不革命，系于知识问题。然不是说知识份子一定革命；革命是他，不革命是他，反革命亦是他。所以说"先知先觉"还不够，要说"仁人志士"。单有知识不行，还得感情富、意志强。说得明白些，中国革命全靠有知识的人之向上前进的心理，我所谓理性正指此。

第四从解决中国问题所需要的功夫来看，更知是理性的。一、就对外说，单单排除国际压迫算不得问题的解决，而要在有以充实自己。这自觉自动地来充实自己的功夫，不是理性吗？二、就对内说，暴动与破坏在这里需要的很少，尤其在两度革命后的今日为然。所唯一需要的是社会长足的进步；有了新事实，乃有新秩序。而这社会进步，却不可像过去欧洲那样从自由竞争盲目地进步，要有计划地推进社会，使向一定目标而进步。这不是理性吗？三、所谓推进社会不在强制推行，而在唤起民众之自觉自动，一切建设举当纳于教育之中，俾其以自力建设一切。不如是，革命不得完成，这不是理性吗？而更要紧的还不在此。

更要紧的，乃在确定建设计划，担负推进工作的这一方面力量之如何形成。我们试问：谁来计划？谁来推进呢？这不是某一阶级的事，前已论证明白，凡关心这事而志愿参加的，都应当承认他。乃至他不参加而要过问这事的，都必得承认。这里不可能拒绝任何人，拒绝一人，即拒绝一切人。如果不是他自绝于人，在此大社会中谁亦拒绝不了谁的。但这些人之间，若彼此合不来，"有计划地推进社会，使向一定目标而前进"便作不到，且必互相冲突磨擦，为民族最痛心的损失。如何使他们形成一个力量呢？

其道必求之理性,归于协调,而更无其他道可走。

这末后更要紧的一层,就是前论中国当前政治问题如何解决一层。当前政治问题的解决,是一切问题解决的入手,亦是一切问题解决的关键。而这一问题,刚好是不能为机械的解决(武力解决),只能为理性的解决(协调统一)。由是而中国问题,要理性解决之义乃决定。

二

中国问题之未陷于机械形势中,由于其问题之不简单不决定。何谓问题不简单?假如单是民族对外问题,或单是社会内部问题,就是简单。又假如单是政治问题(民主革命),或单是经济问题(社会革命),就是简单。何谓问题不决定?例如封建社会的地主与农奴,资本社会的资产阶级与无产阶级,以及帝国主义者与其殖民地,其相互关系就明白决定。中国问题既不是简单的一个问题,而其关系又复含混模棱不定。外则帝国主义既不只一方面,我与帝国主义的关系亦尚未到殖民地的地步。内则中国社会究是个什么社会谁亦说不清,又适在崩溃剧变之中,更无分明而决定的两方面。在一般革命恒只有矛盾的两方面,而没有超居两方之上(或从旁),先看到他们的问题为之谋合理解决者(非绝对没有,而是不成力量),卒演为机械的对抗,亦只有机械的解决是他们的出路。中国问题如其简单决定,当然亦只有如此,现在恰好不然。

中国人恰好从外面对照而看出内部的缺欠和问题,并看出其应取方针,更且从外面刺激而激发其内部整顿改造的运动,这哪里是机械的呢？同时复感于内部缺欠之大，而看出民族前途之可怕，赶紧应付外面，这又哪里是机械的呢？由外而内，由内而外，往复综合于意识之中，而筹划于事先，这便是我所谓理性。这个理性，实在是从问题多而不定的机会中，开出来的。

一般革命所以要走分化斗争的路，盖由矛盾之两方既成机械对抗之势而不可挽，则亦只有从而分之斗之，以促其解决。又因为一般革命——社会内部自发的革命——其新旧秩序的更替好像金蝉蜕壳，新的早孕育成熟，故功夫重在蜕去旧的。分化斗争正是加强新的力量，以促旧的蜕去，说他问题解决在此，未为不可，中国问题于此，却不适用。就对外说，有决裂不决裂两途可走，而重要的皆在充实自己才有办法。此时而分化斗争于内，在平时则妨碍了充实自己的功夫，在战时则妨碍抗战，岂有是处。就内部说，缺欠大而矛盾不大，机械对抗之势未成，此时而分化斗争，义果何取？旧秩序以不容于外来的新意识而被推翻，新秩序却未尝孕育于旧历史而得产生出来。此时正待培养社会进步，藉新事实以立新秩序；分化斗争只益破坏，宁得为问题之解决？——这又是说，由于问题的不简单不决定，走机械的路便"文不对题"。

解决中国问题要如何才行呢？只须顺着"从问题多而不定所开出来的"理性走去便好。这个理性就是"由外而内，由内而外，往复综合于意识"的意识。这个意识是民族自觉（对外），同时是社会自觉。何谓社会自觉？不是从大社会里面，意识到自己这一小份（一身一家一阶级一部份），而却是离开自己，意识到整个大社会。中国问题本是最能启发这个意识的，只须顺着去发达这个意识,加强这个意识的作用,中国问题便得解决。——这样得解决时,就谓之理性的解决。

(我顺便指出:中国问题不是一个正好启发阶级意识的问题;去发达阶级意识,加强阶级意识的作用,中国问题便不得解决。——这样不得解决的路,就是批判者要走的路。)

何以说这个意识发达,中国问题便得解决呢? 中国问题的解决在民族解放,社会改造。求得民族解放之根本动力,在民族自觉——这个意识的一面。有了这个根本,求得解放的一切办法一切条件乃随着而有,即如今天抗战的成败利钝,不全看全体的中国人民族自觉如何吗? 再问:一切办法一切条件中最要紧的一着是什么? 无疑的是国家的统一,是一个最高统一权力之建立。而此统一之建立,却又完完全全以这个意识(包括民族自觉社会自觉)为基础,更无其他。——中国的统一完全建筑在这个意识上,而不能建在武力征服武力统治上面,这是我们见之最真,论之已详的了。如此,统一既得建立,一面充实自己,一面应付国际,可以言外交,可以言军事;凡求得解放的手段都运用起来,问题之解决何难?

说到社会改造,在其他国家亦许其根本动力要放在阶级意识上。然而在中国社会改造的要求却出于社会自觉——是这个意识的又一面。更为了阶级意识不能建立中国的统一,而统一的建立则为“有计划地推进社会,使向一定目标而前进”的前提,“有计划地推进社会使向一定目标而前进”,又为完成中国社会改造之路;于是乃卒不能不退阶级意识,而进这个意识,以社会自觉为解决社会问题的动力。统一一旦基于这个意识而建立,则如何计

划,如何推进,如何纳建设于教育之中,最后如何实现平等无阶级
的社会,那只在时间和功夫了。前后总起来说,只须发达这个意
识,中国问题便得解决,很明白的。

若问:这个意识的发达容易不容易呢?却还不易。外面的世
界,从正面启发我们这个意识,但又从侧面梗阻其发展。因为外
面的世界是个人意识很强,阶级意识很强的世界;是尚斗争尚武
力的世界。这样的风气传进来,正好造成许多逆流:从个人意识、
阶级意识破坏了这个(民族的社会的)意识;更其是从斗争、从武
力使彼此情意不得相通,彼此几若无理可讲,无话可讲,大大伤损
了原来可能有的感情。而这个感情是要与这个意识相俱的,缺乏
这个感情,则这个意识不能发生。因此,百年来外侮日逼,救国之
言盈耳,乃不见中国人彼此团结相亲,反而分裂斗争,相杀相斫了
几十年。这实在是一个大矛盾! 自然,几十年的分裂斗争,还有
其他因素和许多理由在。但我愿指出许多以社会一体为心的仁
人志士,袭取外来学说,于社会中制造壁垒,破坏这个意识而不自
知。他自己这一矛盾,实生出来那大矛盾。今后必须于此有所觉
悟,尤其以武力斗争为戒,则理性的路庶几早些走通。

其余未尽之义,请看下文。

十　乡村内部问题如何解决？

一

中国问题决定中国出路，大意已尽于上述，为读者易得了然，今更拈出一个问题来说一说。

前于《两条路线——批判者和我们》文中，曾表见出彼此第一个争点：我们眼前将乡村看成整个的而组织之；他们则分化乡村，只将贫农雇农及一部份中农组织起来。这个乡村内部问题，主要是地主佃农间的问题，和土豪劣绅问题，实在是一件不易谈的事。批判者曾反对我们说：

> 梁先生由于不了解乡村中的阶级关系，他把乡村视为抽象的整体，而不看成是由各种利害不同的地主农民所组成的。他只看见了乡村之外部矛盾，而不看见乡村之内在的矛盾，所以他是根本不想改变乡村之内部的生产关系。唯其如此，他的整个乡村是抽象的空洞的东西，即使在表面上在所

谓乡长与村长领导之下组织起来了,然而农民们明白这种乡长与村长即是从前的乡绅与地主,他们多是收租的而不是纳租的;多是放债的而不是欠债的,由他们所主持下的乡学和村学,和从前的"自治协会"并没有什么本质上的差别。而且一般贫苦农民的经济地位既不变更,他们对于乡学村学也会取一种漠不相关的态度,他们只把乡学与村学当为新的政府玩艺或新的花样,他们决不会把乡学与村学看成自己的东西,看成代表他们具体利益的政权。决不是有了它,即可以免除苛捐杂税、高率田租及高利贷之种种的剥削;或有了它,既可以不受贪官污吏土豪劣绅所蹂躏。事实上只有当乡学与村学变质为代表贫农利益这样的政权时,农民们才会以必死的决心去拥护它,才会对它发生真正的兴趣而"必忠必信,生死以之"。但这又不是梁先生的所谓"乡学"与"村学"了。梁先生的"乡学"与"村学",不过是旧日乡绅政权之变相,只是披上了一件美丽的梁先生的外衣而已。(《**中国乡村建设批判**》第 91—92 页)

乡农学校最大特色就是把农民看成无差别无等级的一团。(中略)但乡民是不是整个的呢？乡民内部是不是真没有严重问题？如果有问题,会不会影响他们合作与团结呢？要是他们的利害不一时,应该谁迁就于谁呢？这几个问题在梁先生看来好似不成问题。(中略)我们疑问的是:在农民自身利害如此冲突的"整个乡村"中,梁先生如何能教他们"出入相友,守望相助,疾病相扶持"呢？这几句话即在古代亦未曾实现过,正有如王道之为古人之一种理想一样;不幸

却作了梁先生乡农学校的憧憬。(同前书第 138—139 页)

　　所以"整个的乡村"是与"全民"同样地是抽象名辞。(中略)由这种种经济地位不同的农民所组成的乡村,不能调和的乡村与冲突是不可避免的。要使他们为着全乡村的利益而合作,这种利益名义上是全乡村的,事实上却是一部份人所独享。例如防匪与防盗终算是一乡村共同的利害关系了,但其实地主与富户更沾到光,而义务是全村共同负担的。(同前书第 140 页)

　　梁先生以为我们不应该在乡村社会内起一种分化的工夫。但问题是乡村社会内究竟有没有显然对立的农民阶层的划分;假如没有,则参杂外力亦分化不了;假如有的,则梁先生苦口婆心的劝告,亦终归无用处。(同前书第 139 页)

二

我从来不为琐碎的声辩,只谈根本的异同;但在此处却要为几点辩白。先将我书中原文录后:

　　(上略)我们则看乡村社会的内部,虽然不是全没有问题,然而乡村外面的问题更严重;——就是整个乡村的破坏。所以我们现在必须看乡村是一整个的,至少我们于中国社会多数乡村必须如此看法。(《乡村建设理论》,第 280 页)

　　乡村的整个性,至少在中国较大部份地方是可见的;而同时都市与乡村的分殊,乡村地位的不利,则以西洋文明进来而益严刻。这样就规定了农民运动的正当路线是团结自

救。乡村内部的矛盾亦是有的,要当待后一步解决;要尽可
能的避免斗争,从理性求解决。也许有的地方,乡村内部矛
盾到团结不可能,那就管不了。天下事只能从多分,从大体,
把握一要点以求解决,其他则在大局解决之下自随着而解
决。(同前书第 282 页)

从这原文上看来,就可以证明:我何曾不了解乡村中的阶级问题?
我何曾不知乡村内部问题须要解决? 我明明只说"必须如此看
法",又且是暂时如此看,又且是对大部份如此看,而批判者一概
抹煞,强诬我以乡村真为整个的。我既说出当待后一步解决的
话,则其不能听阶级存在可知,还有上下文其他证明甚多;而批判
者强诬我根本不想改变乡村内部的生产关系。批判者文章十余
万言,其为我不及一一置辩者,读者以此为例,亦可推见其多诬。

　　再有须为中国社会辩诬的:"出入相友,守望相助,疾病相扶
持"几句话原是乡村间随在可见的事实,而批判者竟指为古人一
种理想,未曾实现过,这实在可惊的很。我们承认与这话相反的
事亦有的,这话未曾彻底实行亦诚然的,但照我所见北方乡村情
形而言,若完全离了这几句话真无法生活。乡农学校所憧憬的不
在此;这亦用不到乡农学校再憧憬。或者我的见闻有限,中国之
大,无奇不有吗? 我很愿意知道批判者根据哪地方的乡村情形而
说的;我很愿去加以考察,以广见闻。在都市里,前后左右邻居不
相闻问者是有的,在乡村则不可能。其生活上的互助,真所谓日
用寻常,怎能完全没有互助于其间,我倒想不出! 这是不是厚诬
中国社会,读者必有批断。

三

乡村内部问题解决的途径，须看其阶级分化的深浅；分化不著，谁亦不能强分；分化已著，自难强合。这话大家同承认。但我们与批判者的观察既然不同，又无可凭的调查统计，各人强调自己的所见，殊属无味，所以我不从这里来说话。

我们试且看：乡村内部问题总不是中国问题的全部罢？不但此，中国问题里面好多非常严重问题：国际的侵略压迫、国内的军阀战争、经济上文化上种种极大缺欠、可怕的落伍等等，较量起来，这总是个小问题罢？这样，乡村内部问题解决的途径还待看整个大势如何，不是单从乡村内部情势可以决定的。在整个大势上中国要走理性的路，它便不容两歧，自去走分化斗争的路。因此，无论批判者如何强调乡村内部的分化，都不够一决定力，来变更中国所要走的路。反之，乡村内部问题的解决，却只能随着整个中国问题而解决。

乡村内部问题，如我所说要留待后一步解决，其理由就在此了。在整个大势上，要走理性的路，而不容分化斗争于内。那末，头一步就不能触动内部问题。头一步将如何？头一步将先求同，而不求异。——就是建立统一，建立外抗侵略、内求进步的根本。本末先后，轻重缓急，当如是的。

头一步不要触动内部问题，但头一步却要着手在乡村；那末，就必照我所说对于大部份的乡村看作整个的了。此时对于那些矛盾深刻以致不能团结合作的乡村，暂不管它（暂不进行乡村建设），未为不可。

在头一步功夫收得成果时,则解决乡村内部问题的根本力量就建立了。此根本力量分析言之有二:第一是民族文化改造运动(即乡村建设运动)的大体系;第二是国家权力。所谓民族文化改造运动的大体系,就是担负"有计划地推进社会使向一定目标而前进的大体系",亦就是前论"此大社会如何得统一"之具体实现;这与国家权力相需相待而发生作用。盖不走分化斗争的路,就必须有一超居矛盾两方之上的大力量始得。

头一步功夫收果,后一步功夫于是向前迈进。要借国家权力来进行的,当然解决土地问题从根本上消灭阶级是第一件事。然而大部份功夫却要赖文化改造运动去作。功夫如何作,这里须稍为说一说:

(一)从人生向上的意思来组织乡村,标出"大家齐心向上学好求进步"的口号,而彻头彻尾发挥此一精神(详见《邹平的村学乡学》一书),所以不叫"村公所""乡公所"而叫"村学""乡学"。这样就使人们离开各自狭隘的立场,而一以理性为准;这样就使人们虚怀接受外面的新道理新事物,接受人家的指导,好像开了胃口,想吃饮食一样,社会的进步与改造,由此而形势自顺。

(二)在乡村组织中,特将乡村运动者放进去,有计划地推动社会的进步与改造,这就是村学乡学的教员。这教员非孤另的一个人,而是左右有联络,上下成系统,全国文化改造运动大体系中的一份子。他好比在前线作战的一个战士,执行上级指挥者所给予他的任务,背后还有大本营作后盾。此一大力量不仅是超于乡村内部矛盾之两方的,且是超乡村的。

（三）在乡村组织中，不取近代法律上的个人本位权利观念，而从固有伦理互以对方为重的精神去发挥，各自认识其应尽之义，并认识社会联带关系，人生互依之义。这样，不使人各去争执自己的利益，而引人在社会出路中求得自己的出路。

一切办法不及详说，请看我的原书。由此向前迈进去解决乡村内部的问题，无有不可解决的。

不要以为这些办法道德气味太重，不切实际，要知道中国问题当初发动，一面激于民族自救知耻要强，一面爱好真理而奔赴理想，正所谓人生向上的精神。便是乡村内部问题的提出，亦不出于被压迫被剥削之众，而宁出于可以压迫人剥削人而自了的人。他要为自了汉，还是可以自了，而他却要干农民运动乡村运动。今不过顺沿这一副心理而见于行事，并没有一毫格外生强撰作。由此形成的一大力量（民族文化改造运动），天然是超社会矛盾，而足以解决社会矛盾的。

批判者的疑问，不外是：

（一）农民自身利害如此冲突，如何得团结合作？

（二）他们的利害不一致时，谁该迁就谁？

（三）乡农学校既是集各种农民的一垃圾堆，其政权究竟握在什么人手里，将为哪一种人谋利益？

我们现在可以回答：

（一）对于大部份的乡村可以看为整个的，进行乡村组织，其内部矛盾过于深刻的暂不进行，待国家对土地有了办法时再进行；或他们鉴于旁的乡村的进步而乐于接受指导时，进行之。总之都不难随大势而解决。

（二）利害不一致是眼前一时，向远看，向前途看，利害便是一致的。启发得理性，无所谓谁迁就谁。"谁迁就谁"的困难，是只有矛盾的两方时才发生，这里没有这困难。

（三）政权不属于矛盾之任何一方，而隐然操于全国民族文化改造运动，当然亦就不是为任何一种人谋利益的。

四

土豪劣绅问题虽同为乡村内部问题之一，但只地主与佃农间算是乡村内部的矛盾，而土豪劣绅却不算。地主固然有时兼为土豪劣绅，但土豪劣绅却不必皆是地主。有时地主且正为豪绅敲剥的对象，这是我们常见的。社会之有土豪劣绅并不由于制度之不平，而宁由于他个人为人之不好，他与贪官污吏是一类问题。官吏并不一定贪污；不贪污的官吏并不要排除。同样，乡村领袖并不一定豪强奸劣；不豪不劣的领袖并不要排除。造成贪污豪劣的，自然由社会环境许多条件，不能单责他个人；然而他个人却不能不负责。在个人要负责的问题，就不是一种机械的矛盾。

革命是由于社会中机械的矛盾之存在，而不应当牵扯到个人道德问题。但中国革命恰又是例外。仿佛记得民国十七年吴稚晖先生主张全民革命说，为改组派所讥笑。吴先生的说法，就是：军而不阀，官而不贪，吏而不污，土而不豪，绅而不劣，便不是我们要反对的对象。革命者与被革的对象，不以阶级来分，因而人人皆可革命,就是全民革命。吴先生所说,实不高明,然而你却应当玩味他所以落于如此说法者,正非无由也。

由于什么?由于中国社会里缺少决定的两方面。假如有决定革命的一方面,有决定反动的一方面,中国问题早办好了(参看《民族自救最后觉悟》第171—191页论革命对象难,阶级基础难)。现在革命动力落到仁人志士身上,则革命对象之落在贪污豪劣、不仁无志的人,亦势所必至了。于是革命问题卒牵混到道德问题,而无可奈何。

假如批判者和读者承认以上的话大致不错,则问题解决的路不在分化斗争,而在我所谓理性的路,在我所说文化改造运动,亦就明白。我们应当转移风气,改变形势,使人不流于土豪劣绅,而从正面培养民主势力,健全地方组织,实为根本。在我所设计的乡村组织,于消极积极两方面功夫皆曾注意到,可看《乡建理论》274—279页,此不具引。

总结来说,中国问题是从理性发动的,其出路,还须求之理性。彻头彻尾,是"文化改造民族自救"八字,以乡村内部问题为例,亦既可见。

结　语

在弁言中，原说先谈两大根本问题，其有未尽，再分别作答。现在写了以上十段文章，大意已具；而时经两月，不愿再费时光于琐琐辩论，拟即此为止。

不过有一句话，还要在这里声说。以上十段文章，虽说"大意已具"，真实未曾向深处谈。中国问题起于中西文化之异；中国问题的解决，在于中国文化改造。文化改造是何等深细问题，上文虽满纸不离文化改造字样，实未曾触到问题所在。因为说话要说了一层，再说一层，所以尚且有待。

只因问题的深处未谈到，所以对于批判者有一些疑问未曾置答。例如批判者对我讲伦理，讲礼的复兴，讶为开倒车的一类便是。这真老子所说"下士闻道"，他自然是要大笑不止的。

如我所说，此礼的路为人类未来社会所必由；——在近代法律制度后更进一阶段的文化便是礼。（《民族自救最后觉悟》第153页）

（上略）尤其不可不知者，现在一般国家所行之法律制裁的方法，实以对物者待人，只求外面结果，而不求他心与我心之相顺，粗恶笨硬，于未来社会全不适用；非以教育的方法及人种改良的方法替代不可。此教育要在性情的陶养；那末，莫胜于中国的礼乐。所谓国家将成为一教育的团体。凡今之所谓政治，在那时大半倒用不着，法律制度则悉变为礼。（同前书第 161 页）

这话说来太长，不如且止。

判者既不虚心以求了解人家的用心，则横以恶意相猜测；例如：

我们再问：这种乡学村学，他真正的任务到底是什么？在梁先生草拟的《山东乡建院设立旨趣及办法概要》中我们寻到正确的答案了："乡民愚迷而有组织，且为武装组织，其危险实大。第一要化导他向开明进步的方面去，不然必为乡村改进的绝大障碍。第二要慎防其势力扩大，为人利用，酿出祸乱；这是一件最不易对付的事。然只许用软功夫，不可用强硬手段摧毁之。"这几句话把乡学村学的根本精神暴露无遗了。（中略）说穿了，不过是孔老夫子"民可使由之，不可使知之"的老把戏。不过是现存秩序之巧妙的设计者。梁先生虽然口口声声要深入农村组织农村；然而农民假如真的组织起来，他却是一个民众武力之惧怕者；所不同的，他是要用"软功夫"去对付，以别于"硬功夫"对付者而已。（《中国乡村建设批判》第 142 页）

批判者之意，不外"只有我是革命的，你们都是不革命，并且反革命的"。他一见乡民武装组织字样，便欣然以为革命之机，而不知上面冠有"愚迷"二字。此愚迷二字，非泛语而是指红枪会或其他帮会组织（如天门会、无极道、赔钱道等等数之不尽）说的。原文上句"地方有红枪会或其他帮会组织者，亟宜作一种化导功夫，务使其相当之用而不为害"；被批判者截去不录出，不知是有意截断，以遂其诬陷否。红枪会、天门会在河北、河南、山东一带，愚蠢迷信，为害地方；故原文云"要化导他向开明进步的方向去"。然有时能防匪，能抵抗乱兵，民十四、五、六年曾将国民二军及奉军缴械甚多，故原文云"务使其尽相当之用而不为害"。批判者却以为抓到我反革命的证据了，岂不可笑！

我们对于批判者数十万言的批判文章，归总来答覆两句话：请不要以为"只有我明白，你们都不明白；只有我革命，你们都不革命"。批判者所明白者几何，而自以为明白？批判者革命了许久，便自以为革命？倘使虚心以体会当世人的言论主张，所明白者或当更进。倘使推自己革命之心，以相信当世之同具此心肝者，则于大局当更有补益，又不止彼此一二人之私幸也。

二十九年八月于江津白沙之黑石山